Walter Kinkel

Die Idealität und Apriorität des Raumes und der Zeit nach Kant

Walter Kinkel

Die Idealität und Apriorität des Raumes und der Zeit nach Kant

ISBN/EAN: 9783743612068

Hergestellt in Europa, USA, Kanada, Australien, Japan

Cover: Foto ©Thomas Meinert / pixelio.de

Manufactured and distributed by brebook publishing software (www.brebook.com)

Walter Kinkel

Die Idealität und Apriorität des Raumes und der Zeit nach Kant

Die Idealität und Apriorität des Raumes und der Zeit, nach Kant.

Inaugural-Dissertation

der

philosophischen Facultät zu Jena

zur

Erlangung der Doctorwürde

vorgelegt

von

Walter Kinkel
aus Wiesbaden.

Jena,
G. Neuenhahn Universitäts-Buchdruckerei.
1896.

Genehmigt von der philosophischen Facultät der Universität Jena auf Antrag des Herrn Geh. Hofrat Professor Dr. Liebmann.

JENA, den 18. Juli 1896.

Professor Dr. **G. Linck,**
z. Zt. Decan.

Seinem väterlichen Freunde

Herrn

Geh. Hof- und Justizrat Dr. GILLE

in Dankbarkeit

der Verfasser.

Inhaltsverzeichnis.

	Seite
Litteratur-Angabe	VI—VII
I. Einleitung	1—4
II. Kritik der tr. Aesthetik	4—20
1) Besprechung der Argumente	4—13
2) Die Zahl bei Kant	13—14
3) Die Idealität von Raum und Zeit	14—20
III. Historischer Teil	20—77
1) Die Litteratur zu Lebzeiten Kants (1781—1800)	20—52
Pistorius	21—22
Feder	22—24
Tiedemann	24—31
Acnesidemus	31—33
Hausius	33—38
Die Eberhard'schen Streitigkeiten	38—51
Herder	51—52
2) Die Litteratur von 1800—1860—63—76	52—63
Fries und Apelt	52—53
Fichte-Schelling-Hegel	53—54
Herbart	54—57
Ueberweg	57—62
J. H. Fichte	62
Schopenhauer	62—63
3) Die Litteratur von 1860 an	63—77
Trendelenburg und Fischer	63—66
Die Metageometrie	66—69
H. Lotze	69—71
W. Wundt	71—73
v. Hartmann	73—77
Whewell und Mill	77
IV. Schluss	77

Litteratur-Angabe.

Allgemeine Jenaer Litteratur-Zeitung.
Apelt, Metaphysik. Leipzig 1857.
Baer, K. E. v., Welche Auffassung der lebenden Natur ist die richtige? und wie ist diese Auffassung auf die Entomologie anzuwenden?
Brastberger, Untersuchungen über Kants Kr. d. r. V. (1790).
Eberstein, W. L. G. Frhr. v., Versuch einer Geschichte der Logik und Metaphysik. 1799.
Erdmann, Benno, Die Axiome der Geometrie. Leipzig 1877.
Erhardt, Metaphysik. Leipzig 1894.
— Kritik der Antinomienlehre. Leipzig 1888.
Feder, Ueber Raum und Kausalität. 1787.
Fischer, Kuno, Kant und seine Lehre. III. Aufl.
— — System der Logik, oder Wissenschaftslehre. II. Aufl.
Fries, Neue Kritik der Vernunft. II. Aufl.
Hartmann, E. v., Kritische Grundlegung des tr. Realismus.
Hausius, C. G., Ueber Raum und Zeit. 1790.
Herbart, Sämtliche Werke. Ausgabe von Hartenstein. III.
— Einleitung in die Philosophie.
Herder, Metakritik zur Kr. d. r. V. 1799.
Helmholtz, Ueber den Ursprung und die Bedeutung der geometr. Axiome.
— Die Thatsachen in der Wahrnehmung.
Kant, J., Kritik der reinen Vernunft. Ausgabe von Dr. K. Kehrbach (Reclam).
— Prolegomena zu einer jeden künftigen Metaphysik; herausg. von Karl Schulz (Reclam).
— Von dem ersten Grunde des Unterschiedes der Gegenden im Raum. 1768.
— De mundi sensibilis atque intelligibilis forma et principiis. 1770.
— Ueber eine Entdeckung, nach der alle neue Kritik der r. V. durch eine ältere entbehrlich gemacht werden soll. 1790. Zitiert „Streitschrift".

Kiesewetter, Prüfung der Herder'schen Metakritik zur Kr. d. r. V. 1799.
Lange, Fr. Alb., Geschichte des Materialismus, 1887.
Liebmann, O., Zur Analysis der Wirklichkeit. II. Aufl. 1880. Zitiert „Analysis".
— Ueber den objektiven Anblick. 1869. Zitiert „Obj. Anblick".
— Gedanken und Thatsachen. I. Heft. 1882.
— Kant und die Epigonen. 1865. Zitiert „Kant".
Lotze, Hermann, Metaphysik. 2. Aufl. 1884.
Pistorius, Recensionen in der Nikolaischen Allg. deutsch. Bibliothek.
Philosophisches Magazin, von Eberhard.
Rackwitz, Dr. M., Hegels Ansicht über die Apriorität von Zeit und Raum und die Kantischen Kategorien. 1891.
Riemann, Ueber die Hypothesen, welche der Geometrie zugrunde liegen. Göttingen 1854.
Schaumann, Ueber die tr. Aesthetik. 1789.
Schopenhauer, Welt als Wille und Vorstellung. Ausg. von Grisebach (Reclam).
Schmitz-Dumont, Die Bedeutung der Pangeometrie. 1877.
Schultz, Erläuterungen über des Herrn Prof. Kant Kr. d. r. V. 1785.
— Prüfung der Kantischen Kr. d. r. V.
Schulze, Aenesidemus. 1792.
Trendelenburg, Logische Untersuchungen. III. Aufl.
— Historische Beiträge zu Philosophie. 1867.
Tiedemann, Theätet oder über das menschliche Wissen. Frankfurt a. M. 1794.
Ueberweg, Grundriss der Geschichte der Philosophie. 2. Aufl.
— System der Logik, 5. Aufl., Bonn 1882, herausgegeben von J. B. Meyer.
Vaihinger, Kommentar zu Kants Kr. d. r. V.
Wundt, W., Logik, 2. Aufl.
— System der Philosophie.
Zeitschrift für Philosophie und philosophische Kritik, neue Folge, Bd. XXXIII, 1858, sowie Bd. 105, Heft 2.

Die Apriorität und Idealität des Raumes und der Zeit, nach Kant.

Von den Zeiten des Aristoteles an hat die Frage nach dem Wesen des Raumes und der Zeit die Philosophen viel beschäftigt. Das Problem erfuhr die verschiedensten Lösungsversuche; bald sah man in Raum und Zeit zwei selbständig existierende Wesen, bald wieder glaubte man sie als blose Verhältnisse der Dinge untereinander betrachten zu müssen. Indessen alle diese aufgestellten Theorieen liessen gewisse Bedenken und Zweifel zurück; und so tauchte das Problem stets erneut wieder auf. Eine ganz neue und originelle Ansicht wurde der Streitfrage durch Kant gegeben, und seit dem Bekanntwerden seiner transscendentalen Aesthetik ist das Interesse an dem Problem erst recht gewachsen. Indessen ist die Kantische Lehre vom Raum und der Zeit stets sehr verschieden beurteilt worden; schon in den Schriften seiner Zeitgenossen entspann sich ein heftiger Kampf über die Wahrheit derselben; und in unserem Jahrhundert ist sie z. B. von Schopenhauer ebenso gelobt, wie von Herbart getadelt worden. Da wir nun überzeugt sind, dass Kant mit seinen Untersuchungen über Raum und Zeit in der Hauptsache das Richtige getroffen hat, so haben wir uns die Aufgabe gestellt, in dieser Schrift die wichtigsten Einwände, welche Kant im Lauf der Zeit gemacht worden sind, zu besprechen und, wenn möglich, zu widerlegen, wodurch wir die Richtigkeit der Kantischen Ansicht darzuthun hoffen.

Kant hat seine Lehre zuerst in seiner Dissertation „De mundi sensibilis atque intelligibilis forma et principiis" (1770), sodann besonders in der „Kritik der reinen Vernunft" (1. Ausg. 1781, 2. Ausg. 1787), sowie in der Schrift „Prolegomena zu einer jeden künftigen Metaphysik, die als Wissenschaft wird auftreten können" (1783) entwickelt. Es wird gut sein, wenn wir an Hand der Darstellung, wie wir sie in der „Kritik der reinen Vernunft" finden, zunächst unsere eigene Stellung zu Kant darlegen.

Dazu aber ist erforderlich, dass wir erst kurz auf den Unterschied zwischen Erkenntnissen a priori und Erkenntnissen a posteriori, sowie auf denjenigen zwischen analytischen und synthetischen Urteilen (wie er von Kant in der Einleitung zur Kr. d. r. V., sowie Prol. § 2 konstruiert wird) eingehen. Erkenntnisse apriori sind, nach Kant, solche, die unabhängig von aller Erfahrung und vor aller Erfahrung gelten; ihr wesentliches Merkmal ist Denknotwendigkeit und Allgemeingültigkeit. Dadurch unterscheiden sie sich von den Erfahrungserkenntnissen, weil uns Erfahrung immer nur sagt „was da sei, aber nicht, dass es notwendiger Weise so und nicht anders sein müsse" (Einl. z. Kritik). Die Erfahrungserkenntnisse nennt Kant Erkenntnisse a posteriori. Alle unsere Erkenntnisse bewegen sich aber in Urteilen. Nun giebt es, nach Kant, zwei wesentlich verschiedene Arten des Urteils, nämlich 1. analytische Urteile, 2. synthetische Urteile. Analytische Urteile sind solche, bei denen das Prädikat schon im Begriffe des Subjekts enthalten ist, und bei denen somit der Begriff des Subjekts nur erläutert, nicht erweitert wird. Deshalb können sie auch „Erläuterungsurteile" genannt werden. Ein synthetisches, oder auch „Erweiterungsurteil", erweitert dagegen den Begriff des Subjekts. Kant giebt folgendes Beispiel: Wenn ich sage „alle

Körper sind ausgedehnt", so ist das ein analytisches Urteil, denn die Ausdehnung ist ein Merkmal im Begriff des Körpers. Dagegen das Urteil „alle Körper sind schwer" ist synthetisch, denn das Prädikat „schwer" fügt dem Subjektsbegriff ein neues Merkmal zu. Nun lautet bekanntlich die Hauptfrage der ganzen Kritik: Wie sind synthetische Urteile a priori möglich? Und die besondere Frage, womit es die transscendentale Aesthetik zu thun hat: Wie sind synthetische Urteile a priori in der Mathematik möglich? Denn dass von den Sätzen der Mathematik sehr viele synthetische Urteile a priori sind, steht für Kant fest. Wir werden auf diesen Punkt später zurückkommen.

Das eigentliche Thema der transscendentalen Aesthetik bildet nun der Nachweis, dass Raum und Zeit Anschauungsformen a priori unserer Sinnlichkeit seien und nur als solche existierten. Kant trennt die Sinnlichkeit, als das Vermögen der Anschauungen, vom Verstande, als dem Vermögen der Begriffe; und man kann diese Bezeichnungen auch sehr wohl beibehalten, wenn man sich nur stets bewusst bleibt, dass man es dabei nicht mit zwei verschiedenen Seelenkräften oder Fähigkeiten (facultates animae) zu thun hat, sondern dass es sich nur um zwei verschiedene Aeusserungen unseres vorstellenden, einigen Subjekts handelt. Schliesslich ist noch die Unterscheidung der Materie der Vorstellungen von der Form der Vorstellungen wichtig. Alles, was zur Empfindung gehört, bildet die Materie der Vorstellungen, alles andere die Form (d. h. die Ordnung der Empfindungen in der Vorstellung). Nun sind eben Raum und Zeit die Formen der Vorstellungen, und die Lehre Kants geht nun dahin, dass diese ihren Ursprung a priori im Gemüte (d. h. in der Seele) haben. Indessen wird die Meinung Kants klarer werden, wenn wir uns nunmehr zur Betrachtung der einzelnen Beweise in der transscendentalen Aesthetik wenden. Kant stellt für Raum und Zeit je fünf Beweise auf. Sehen wir uns zunächst diejenigen, welche über den Raum handeln, näher an. (Vergl. Kr. d. r. V. S. 51 ff.)

Die ersten drei Argumente dienen dazu, die Apriorität des Raumes zu erweisen. Der Beweisnerv des ersten Argumentes liegt in der Thatsache, dass die Raumvorstellung alle äussere Erfahrung erst möglich macht. So heisst es auch in den Prol. § 13, Anm. 1: „Die Form der sinnlichen Anschauung, die wir a priori in uns finden, enthält den Grund der Möglichkeit aller äusseren Erscheinungen (ihrer Form nach)". Um uns nun das Argument kurz zu erläutern, fragen wir: was muss denn geschehen, damit wir zur Vorstellung eines äusseren Gegenstandes kommen? Unsere Sinnlichkeit muss afficirt werden, d. h. unser Gesichts- oder Tastsinn u. s. w. muss gereizt werden. Dann entstehen in uns Empfindungen (denn über die Subjektivität der Empfindungen kann heute kein Zweifel mehr sein). Aber die Mannigfaltigkeit der Empfindungen bleibt nicht ungeordnet, sondern gewinnt räumliche Gestalt. Dass nun der Raum eine Anschauungsform a priori ist, in welcher wir die Empfindungen ordnen, wird durch dieses Argument deutlich dargethan, denn damit wir überhaupt die Empfindungen auf etwas ausser uns beziehen können, muss die Vorstellung des Raumes schon voraus gehen; sodass also der Raum die notwendige Vorbedingung zu jeder äusseren Erfahrung überhaupt genannt werden kann[1]). Eine andere Auffassung und Auslegung dieses Argumentes, wie sie z. B. von Cohen geltend gemacht wurde, hat ihre Widerlegung schon durch Vaihinger gefunden[2]).

Der zweite Beweis für die Apriorität des Raumes (welcher in der Dissertation von 1770 noch fehlt) sucht

---

1) Vergl. hierzu z. B. Schultz, Erläuterungen u. s. w., S. 22; Liebmann, Analysis, S. 233.
2) Vergl. Comm. Bd. II, S. 171.

nachzuweisen, dass der Raum eine notwendige Vorstellung sei. Man muss nun aber unterscheiden zwischen logischer Notwendigkeit und Anschauungsnotwendigkeit. Diesen Unterschied spricht Liebmann („Analysis" S. 77, ebenso „Gedanken u. s. w." S. 20 ff.) wie folgt aus: „Ein Anderes ist logische Notwendigkeit, ein Anderes Anschauungsnotwendigkeit. Jene, die sich über eine viel umfassendere Sphäre erstreckt, besteht darin, dass Etwas gedacht werden muss, weil dessen Aufhebung einen begrifflichen Widerspruch (A = non A) involviert, mithin ungereimt ist. Die andere aber darin, dass Etwas in der Sinnes- und Phantasie-Anschauung bildlich vorgestellt werden muss, weil dessen Aufhebung, obwohl gar keinen begrifflichen Widerspruch involvierend, unserem Anschauungsvermögen schlechterdings nicht gelingen will, folglich mit der Organisation dieses Vermögens unvereinbar ist." Nun kann es sich in diesem zweiten Argument natürlich nur um Anschauungs-Notwendigkeit handeln. Es ist uns schlechterdings unmöglich, ausser im Raum, uns äussere Gegenstände vorzustellen. Während es also an sich zufällig ist und lediglich von empirischen Bedingungen abhängig, welche Dinge ich in jedem Augenblicke wahrnehme, so ist doch sicher, dass ich die Anschauung des Raumes niemals aus meinen äusseren Wahrnehmungen eliminieren kann [1]). Deshalb ist sie a priori.

Der dritte der Beweise ist ein indirekter; denn es handelt sich hier darum, die apodiktische und allgemeine Geltung der Sätze der Geometrie zu erklären, welches, wie Kant mit Recht meint, allein unter der Voraussetzung möglich ist, dass der Raum eine reine Anschauung a priori ist. Ausführlicher spricht sich Kant über diesen Gegenstand aus in

---

1) Vergl. hierzu Schopenhauer, W. a. W. u. V., S. 40, Bd. I; Lotze, Metaphysik, S. 199 ff.; Liebmann, Kant, S. 21; Erhardt, Metaphysik, S. 167 ff.; Schultz, Prüfung u. s. w., derselbe, Erläuterungen u. s. w.

dem Abschnitt „Transscendentale Erörterung des Begriffes vom Raume", weiterhin in den „Allgemeinen Anmerkungen zur tr. Aesthetik", aber auch schon in der Dissertation von 1770 in dem Abschnitt „de spatio". Hier kommt nun die Hauptfrage der transscendentalen Aesthetik zur Sprache, die Frage: wie sind synthetische Urteile a priori in der Mathematik möglich? und zwar handelt es sich hier bei dem dritten Argument speziell um gewisse Sätze der Geometrie. Diese sind aber in der That sowohl synthetisch als a priori gültig. Sie sind synthetisch: denn bei ihnen geht das Prädikat immer über den Begriff des Subjekts hinaus, es erweitert ihn. Nehmen wir das Beispiel Kants, den Satz, dass die gerade Linie zwischen zweien Punkten die kürzeste sei (Prol. § 2 c). Hier folgt in der That aus dem Begriff des Subjekts „gerade Linie" noch nichts inbezug auf das Prädikat; sondern hierüber muss uns erst die Anschauung belehren. Die Anschauung ist die Quelle aller synthetischen Erkenntnisse. Die Thatsache also, dass wir in der Geometrie synthetische Sätze a priori haben, erklärt sich natürlich aus der Annahme, dass der Raum eine reine Anschauungsform a priori ist, denn wenn wir es bei dem Raum mit einem für unsere anschauende Intelligenz bindenden und mit derselben unzertrennlich verbundenen Gesetz zu thun haben, so müssen auch alle Sätze, welche sich auf den Raum stützen, für jede der unseren gleichartigen Intelligenz notwendige Geltung haben. Aber es wird so nicht nur das Problem der reinen Geometrie, sondern auch das der angewandten erklärt. Dass wir die Sätze der Geometrie in der Natur bewährt finden, rührt eben daher, dass wir um die Dinge und Vorgänge der Welt nur insofern wissen, als sie sich im Raum, d. h. in unserer reinen Anschauungsform, darstellen. (Vergl. hierzu Prol. § 13 Anm. 1.) Wir werden übrigens besonders auf dies letztere Problem noch zurückzukommen haben. Im übrigen steht dies dritte Argument insofern bei Kant am unrechten Ort, als es die Anschaulichkeit der Raumesvorstellung vorwegnimmt, die doch erst durch die zwei folgenden Argumente bewiesen wird. In den ersten beiden Beweisen war nur von dem Ursprung, nicht von dem Wesen des Raumes die Rede. Hier ist nun die Unterscheidung Kants zwischen Anschauung und Begriff wichtig; vergl. z. B. Kr. d. r. V., S. 278 unten „die Anschauung bezieht sich unmittelbar auf den Gegenstand und ist einzeln, der Begriff mittelbar, vermittelst eines Merkmals, was mehreren Dingen gemeinsam sein kann"; ferner z. B. Prol. § 8; tr. Aesthetik § 1 u. s. w. Ferner ist eine reine Anschauung a priori diejenige, in welcher nichts, was zur Empfindung gehört, angetroffen wird; nach Kr. d. r. V., S. 49. Nun erfüllt aber der Raum alle Bedingungen, welche ihn nach der Definition Kants zu einer reinen Anschauung a priori machen. Der Raum ist eine Einzelvorstellung: denn es giebt nur den einen einzigen, überall gleichartigen Raum für uns, und wir können uns keinen anderen vorstellen. Ferner ist er seinem Wesen nach nicht Begriff, denn er ist nicht als eine gemeinsame Teilvorstellung aus den einzelnen Räumen abstrahiert, so dass er also in diesen enthalten wäre; vielmehr sind gerade umgekehrt die einzelnen Räume alle in dem einigen Raume enthalten; er begreift sie in sich, nicht wie der Gattungsbegriff die gemeinsamen Merkmale seiner Arten unter sich [1]). Vergl. hierzu die Stellen Kr. d. r. V., S. 165, sowie besonders in der Dissertation § 12: „Intuitus autem purus (humanus) non est conceptus universalis s. logicus, sub quo, sed singularis, in quo sensibilia quaelibet cogitantur." Einen zweiten Beweispunkt für die Anschaulichkeit des Raumes giebt das Argument, wenn es die Priorität der gesamten Raumvorstellung gegenüber den Vorstellungen seiner Teile betont; erst durch Ein-

---

1) Vergl. Kuno Fischer, Kant, S. 331. Comm. Bd. II, S. 204 ff.

schränkung des unendlichen Raumes gelangen wir zu den Vorstellungen der einzelnen Räume. Das Verhältnis zwischen den Begriffen und ihren Teilvorstellungen ist das entgegengesetzte: bei ihnen gehen die Teile vorher. Ich kann zum Begriff des Baumes z. B. nur gelangen, wenn ich mehrere einzelne Bäume wahrgenommen habe; ich kann dagegen geometrische Figuren und Körper nur im schon gegebenen Raum konstruieren.

Auch der fünfte Beweis, welcher in der zweiten Auflage der Kritik d. r. V. eine andere Form angenommen hat, soll dazu dienen die Anschaulichkeit des Raumes zu beweisen. Das Argument in der ersten Fassung lässt sich so umschreiben: Wenn der Raum ein Allgemeinbegriff wäre, der das Gemeinsame der einzelnen Räume zusammenfasst, so könnte dieser über die Grösse des Raumes gar nichts aussagen; denn, was z. B. einem Fuss und einer Elle gemein ist, das ist ja gerade nicht die Grösse: Nun aber ist mir die Raumvorstellung als unendlich gegeben; also kann sie nur Anschauung sein. Richtig hieran ist, dass uns die räumlichen Grössenverhältnisse letzthin nur durch Anschauung gegeben werden können, sowie dass also das Wesen des Raumes in der Anschauung besteht. Aber zum Bewusstsein seiner unendlichen Ausdehnung kommen wir doch erst durch Reflexion. Indem wir auf die Grenzenlosigkeit im Fortschritt unserer Anschauung reflektieren, bilden wir uns einen Begriff des Raumes, welcher aber einerseits nicht das Wesen des Raumes ausmacht, welches ja eben in der Anschauung selbst besteht, und welcher andererseits aus den schon oben angeführten Gründen nur ein Einzelbegriff und kein Allgemeinbegriff sein kann.

Auch die veränderte Form, wie sie das Argument in der zweiten Auflage zeigt, hat als Beweisgrund die Unendlichkeit des Raumes. Während kein Begriff unendlich viele Vorstellungen in sich enthält, sondern nur unter sich, so sind die unendlich vielen Teile des Raumes alle gleichzeitig in ihm. Die unendliche Menge von Vorstellungen können nur teilweise im Allgemeinbegriff enthalten sein, sofern er ja nur die gemeinsamen Merkmale herausgreift. Der Raum aber enthält die einzelnen unendlich vielen Räume ganz in sich und ist seinem Inhalt nach nicht ärmer als sie, deshalb muss er Anschauung heissen. Dieser Beweis bleibt nun auch nach den von uns oben gemachten Ausstellungen richtig, denn, wenngleich uns die Anschauung auch immer nur ein endliches Stück des Raumes giebt, so gilt doch eben auch für dieses alles gesagte: es enthält unendlich viele Teilvorstellungen in sich.

Uebrigens scheint die Unendlichkeit des Raumes wohl geeignet den nichtempirischen Ursprung der Raumvorstellung zu beweisen; und so ist auch das letzte Argument in beiden Fassungen von manchen Erklärern Kants als ein Argument für die Apriorität des Raumes aufgefasst worden (z. B. von Feder, Kiesewetter u.s.w.). Dass übrigens diese Deutung Kant selbst nicht fremd war, hat Vaihinger nachgewiesen (Bd. II, Comm. S. 244—245). Wie sollte sich auch die unbestreitbare Thatsache, dass wir unserer Raumauffassung in Gedanken nirgends eine absolute Grenze setzen können, anders erklären lassen, als durch die Annahme, dass wir es hier mit einem subjektiven Gesetz unseres Geistes zu thun haben? Der Satz von der Unendlichkeit des Raumes ist ein denknotwendiger, allgemein gültiger Satz, also a priori. Die Erfahrung könnte uns ja nur soviel lehren, dass noch nie ein Mensch eine absolute Grenze des Raumes angetroffen hat, nicht aber, dass es eine solche überhaupt nicht giebt.

Schon in der kleinen Schrift [1]): „Von dem ersten Grunde des Unterschiedes der Gegenden im Raum" hatte sich Kant mit dem Paradoxon der gleichen und ähnlichen, aber nicht

---

1) Aus dem Jahre 1768.

kongruenten Gegenstände beschäftigt. Damals freilich glaubte er darin noch einen Beweis für die Realität des absoluten Weltraumes zu finden. In der Dissertation von 1770 nahm er den Gegenstand wieder auf und kam nunmehr zu der richtigen Einsicht, dass sich hieraus schliessen lasse, dass der Raum kein Verhältnis der Dinge untereinander oder eine Eigenschaft der Dinge sei, sondern eine Anschauung. In der That kann das Paradoxon nur dazu dienen uns den Unterschied des begrifflichen vom anschaulichen Denken klar zu machen. Aber es folgt nichts daraus für die Apriorität des Raumes, wie die Prol. § 13 wollen. Dass Kant wirklich darin auch einen Beweis für den nicht empirischen Ursprung der Raumesvorstellung sah, ergiebt sich auch aus einer Stelle der „Metaphysischen Anfangsgründe der Naturwissenschaft" (1786) Hauptst. I, Erkl. II Anm. 3: „Ich habe anderwärts gezeigt, dass da sich dieser Unterschied zwar in der Anschauung geben, aber gar nicht auf deutliche Begriffe bringen, mithin nicht verständlich erklären (dari, non intelligi) lässt, er einen guten bestätigenden Beweisgrund zu dem Satze abgebe, dass der Raum überhaupt nicht zu den Eigenschaften oder Verhältnissen der Dinge an sich selbst, die sich notwendig auf objektive Begriffe müssten bringen lassen, sondern blos zu der subjektiven Form unserer sinnlichen Anschauung von Dingen oder Verhältnissen, die uns nach dem, was sie an sich sein mögen, völlig unbekannt bleiben, gehöre."

Wir haben es bis jetzt nur mit der Apriorität und Anschaulichkeit des Raumes zu thun gehabt und wollen uns der Lehre von seiner Idealität erst zuwenden, wenn wir auch die Zeitargumente kurz durchgesprochen haben. Dieselben sind, wie schon der blose Augenschein lehrt, im engen Anschluss an die Raumargumente aufgestellt und laufen diesen gewissermassen parallel. So wie im ersten Raumargument die Raumvorstellung als die notwendige Vorbedingung aller äusseren Erfahrung nachgewiesen wurde, so zeigt das erste

Zeitargument, dass wir allererst die Zeitvorstellung haben müssen, um das Zugleichsein oder die Aufeinanderfolge der Dinge und Vorgänge wahrzunehmen. Es kann die Folge der Vorstellungen nicht die Vorstellung der Zeit erzeugen, denn alle Folge ist ja erst in der Zeit möglich. Vergl. Dissertation § 14, 1.

Vielleicht noch wichtiger ist der zweite Beweis für die Apriorität der Zeit, der aber (ebenso wie das zweite Raumargument) immer argen Missdeutungen ausgesetzt gewesen ist. Den Beweisgrund bildet die Notwendigkeit der Zeitvorstellung. Jedenfalls hat der Gedanke, dass wir einige Zeit hindurch gar keine Vorstellungen haben könnten, in sich nichts widersprechendes, und das ist es auch alleine, was Kant meint, wenn er sagt „ob man zwar ganz wohl die Erscheinungen aus der Zeit wegnehmen kann." Es handelt sich dabei gar nicht darum, ob es solche Zustände in unserem Leben wirklich giebt (wie es ja im traumlosen Schlaf zu sein scheint). Versuchen wir dagegen uns vorzustellen, dass die Zeit selbst einmal aufhörte zu verfliessen, d. h. dass es keine Zeit mehr gäbe, so finden wir diesen Gedanken unmöglich. Die Zeit ist thatsächlich eine notwendige Vorstellung, ergo a priori.

Zu dem dritten Zeitargument müssen wir uns ablehnend verhalten; wir können nämlich der Zeit nicht den Charakter der Anschaulichkeit zugestehen. Dass die Zeit keine Anschauung ist, geht schon daraus hervor, dass sie ausser dem anschaulichen auch das rein begriffliche Denken ihren Gesetzen unterwirft. Schon Lotze sagt von der Zeit[1]: „Wir haben im Gegenteil gar keine ursprüngliche und eigentümliche Anschauung von ihr, sondern gewinnen den intuitiven Charakter unserer Zeitvorstellung nur durch Bilder, die wir vom Raume entlehnen. . ."

---

1) Metaphys. S. 268.

Nun spricht ja freilich Kant in diesem Argument noch nicht von der Anschaulichkeit; allein sie wird doch bei dem Beweise stillschweigend vorausgesetzt: denn wie die Axiome der Geometrie direkt aus der Anschauung des Raumes genommen sind, so sollen auch die Zeitaxiome auf der Anschauung der Zeit beruhen. Es will nun zunächst scheinen, als ob wir von unserem Standpunkt aus auch die beiden letzten Zeitargumente unbedingt verwerfen müssten; indessen bei näherer Betrachtung wird sich ergeben, dass auch wir denselben einen guten Sinn abgewinnen können. Wenden wir uns also nunmehr dem vierten Argument zu, welches schon in der Dissertation § 14, 2 enthalten ist. Indem Kant auf die Einzigkeit der Zeit hinweist, sucht er zunächst zu beweisen, dass die Zeit kein discursiver Begriff ist; und soweit können wir ihm folgen. Die Zeit ist ihrem Wesen nach freilich kein Begriff, sondern eine Thätigkeit unseres Geistes (actus mentis) [Vergl. Dissert. von 1770 Sectio III Corrolarium] aber, wie schon oben bemerkt, nicht nur unserer anschauenden Intelligenz, sondern auch unserer begrifflichen. Sie ist die gemeinsame Form des inneren und äusseren Sinnes. Indem wir unsere äussere und innere Erfahrung zeitlich ordnen, bethätigt sich ein Gesetz unseres Vorstellungsvermögens. Aber wenn auch die Zeit ihrem Wesen nach nicht Begriff ist, so können wir uns doch einen Begriff von ihr bilden. So sagt Kant selbst (Kr. d. r. V., S. 186) „Es gehet aber hiermit (d. h. mit der Causalität) so, wie mit anderen reinen Vorstellungen a priori (z. B. Raum und Zeit), die wir darum allein aus der Erfahrung als klare Begriffe herausziehen können, weil wir sie in die Erfahrung gelegt hatten, und diese durch jene allererst zu Stande brachten."

Das fünfte und letzte Zeitargument zeigt ebenfalls, dass die Zeitvorstellung kein discursiver Begriff ist; denn bei einem allgemeinen Begriff gehen die Teile vorher, bei der

Zeit werden sie nur durch Einschränkung. Aber wir können auch hier die Unendlichkeit der Zeit, d. h. die Thatsache, dass wir uns die Zeit unendlich denken müssen, in Uebereinstimmung mit Kant als Beweis für ihre Apriorität benützen. Es kann uns nicht gelingen, uns einen absoluten Anfang oder ein absolutes Ende der Zeit zu denken; sondern die Fragen kehren immer wieder: was war vorher? was wird nachher sein? diese Thatsache nun lässt sich wieder am einfachsten, und wie wir glauben in allein befriedigender Weise durch die Annahme erklären, dass die Zeit ein Gesetz unserer Vorstellungsthätigkeit ist. Insofern wir der Möglichkeit nach unbegrenzt viele Vorstellungen haben können, insofern ist auch die Zeit unendlich.

Ehe wir nun zur Besprechung der Idealität von Zeit und Raum übergehen, müssen wir noch dem Verhältnis der Arithmetik zur Zeit, wie es Kant erschienen ist, einige Worte widmen. Kant hat an mehreren Stellen seiner Werke eine Parallele zwischen der Geometrie und der Arithmetik aufgestellt und zwar derart, dass er lehrt, die Arithmetik sei geradeso auf die Anschauung der Zeit gegründet wie die Geometrie auf diejenige des Raumes. Vergl. Proleg. § 10 „Geometrie legt die reine Anschauung des Raumes zum Grunde. Arithmetik bringt ihre Zahlbegriffe durch successive Hinzusetzung in der Zeit zu Stande." Ferner Kr. d. r. V., S. 145—146 „Also ist die Zahl nichts anderes, als die Einheit der Synthesis des Mannigfaltigen einer gleichartigen Anschauung überhaupt, dadurch, dass ich die Zeit selbst in der Apprehension der Anschauung erzeuge." Diese Erklärung des Zahlbegriffs, sowie die Nebeneinanderstellung der Geometrie und Arithmetik finden wir denn auch bei allen Darstellern des Kantischen Systems von Schultz bis auf Kuno Fischer. Aber hier liegt nun ein offenbarer Irrtum Kants vor. Die Zahl ist freilich kein Erfahrungsbegriff, aber die Zeit spielt ihr gegenüber keine andere Rolle wie gegenüber unserer gesamten Denkthätigkeit. Unser begriffliches wie anschauliches Denken ist nur in der Zeit möglich, und so auch freilich das Zählen. Aber sonst hat die Zahl **auch keinerlei Verwandtschaft** mit der Zeit, ja sie ist ihr in gewissem Sinne entgegengesetzt, weil die Zahl ihrer ursprünglichen Natur nach diskret, die Zeit aber kontinuierlich ist. Auch die Zahl ist übrigens apriorischen Ursprungs. So entsteht durch eine apriorische Thätigkeit unseres Geistes zuerst die 1, indem wir von dem uns durch unsere Sinne gelieferten Stoff einen Teil zur Einheit zusammenfassen und dem anderen gegenüberstellen. Indem wir weiter auf die fortgesetzte zusammenfassende und unterscheidende Thätigkeit unseres Geistes reflektieren, erhalten wir die gesamte, diskrete Zahlenreihe, deren Unendlichkeit sich aus ihrem Ursprung unmittelbar erklärt[1]).

Was nun die Lehre Kants von der Idealität des Raumes und der Zeit angeht, so herrscht fast bei allen Kant-Erklärern und Auslegern die Ansicht, als ob Kant dieselbe einzig auf die Erkenntnis der Apriorität gestützt hätte[2]) und in der That sind einige Stellen der Kr. d. r. V. geeignet, diese Annahme hervorzurufen: In Wahrheit jedoch hat Kant die Idealität des Raumes und der Zeit auch ganz unabhängig

---

[1]) Vergl. hierzu **Sigwart**, Logik II, S. 41 ff., sowie E. G. **Husserl**, Philosophie der Arithmetik.

[2]) Wir finden diese Meinung z. B. bei **Trendelenburg** in seinem berühmten Streit mit **Kuno Fischer**; auch **Vaihinger** zeigt sie im Commentar. Vergl. z. B. Commentar Bd. II, S. 301: „Aber Kant hat allerdings nicht daran gedacht, dass der in der Aesthetik im Schluss a) hierfür gegebene und zugleich als vollständig ausgegebene Beweis — aus der Apriorität der Raumanschauung — als solcher ganz unzulänglich ist, da diese Apriorität der Raumanschauung die Realität eines Raumes an sich nicht im geringsten logisch ausschliesst . . ." Ferner **Trendelenburg**, Hist. Beiträge Bd. III, S. 228: „aber es wird nicht zutreffen, wenn Kant so schloss, wie die log. Untersuchungen es angaben, nämlich in dieser Weise: Raum und Zeit sind a priori, weil notwendig und allgemein, und wenn a priori, sind sie subjektiv, also nur subjektiv."

von den Beweisen ihrer Apriorität dargethan. Indessen ehe wir hierauf eingehen, müssen wir kurz die Frage beantworten: was soll die Idealität von Zeit und Raum bedeuten? Hier dürfen wir uns nur auf die Stelle Kr. d. r. V., S. 66 berufen, wo Kant ausdrücklich erklärt, er habe darthun wollen, „dass, wenn wir unser Subjekt oder auch nur die subjektive Beschaffenheit der Sinne überhaupt aufheben, alle die Beschaffenheit, alle die Verhältnisse der Objekte im Raum und Zeit ja selbst Raum und Zeit verschwinden würden, und als Erscheinungen nicht an sich selbst, sondern nur in uns existieren können."

Raum und Zeit existieren also nur, insofern sie unserem Vorstellungsvermögen anhaften. Davon bleibt aber nun ihre empirische Realität ganz unberührt: d. h. sie sind giltig für alle uns mögliche Erfahrung. Ihre transscendentale Idealität folgt also einerseits aus ihrer Apriorität: wenn sie Gesetze unserer Intelligenz sind, so müssen sie mit dieser zugleich verschwinden. Aber dieser Beweis alleine ist nicht ausreichend und oft genug angegriffen worden. Sehen wir uns nach den anderen um. Hier kommen nun in Betracht hauptsächlich: 1) folgende Stellen der Dissertation § 14,5 letzter Absatz: „Qui realitatem temporis objectivam asserunt, aut illud tamquam fluxum aliquem in existendo continuum, absque ulla tamen re existente, (commentum absurdissimum) concipiunt, uti potissimum Anglorum philosophi, aut tamquam abstractum reale a successione statuum internorum, uti Leibnitzius et asseclae statuunt. Posterioris autem sententiae falsitas, cum circulo vitioso in temporis definitione obvia luculenter semet ipsam prodat, et praeterea simultaneitatem maximum temporis consectarium, plane negligat, ita omnem sanae rationis usum interturbat, quod non motus leges secundum temporis mensuram nempe motum, sed tempus ipsum, quoad ipsius naturam, per observata in motu, aut qualibet mutationum internarum, serie, determinari postulet, quo omnis regularum certitudo plane aboletur. Quod autem temporis quantitatem non aestimare possimus, nisi in concreto, nempe vel motu vel cogitationum serie, id inde est, quoniam conceptus temporis tantummodo lege mentis interna nititur, neque est intuitus quidam connatus, adeoque non nisi sensuum ope actus ille animi, sua sensa coordinantis, eliciatur; ect." und § 15, D: „Spatium non est aliquid objectivi et realis, nec substantia, nec accidens, nec relatio; sed subiectum et ideale et e natura mentis stabili lege proficiscens veluti schema, omnia omnino externe sensa sibi coordinandi. Qui spatii realitatem defendunt; vel illud ut absolutum et immensum rerum possibilium receptaculum sibi concipiunt, quae sententia, post Anglos, Geometrarum plurimis arridet, vel contendunt esse ipsam rerum existentium relationem, rebus sublatis plane evanescentem, et non nisi inactualibus cogitabilem uti, post Leibnitzium, nostratum plurimi statuunt. Quod attinet primum illud inane rationis commentum, cum veras relationes infinitas, absque ullis erga se relatis entibus, fingat, pertinet ad mundum fabulosum. Verum qui in sententiam posteriorem abeunt, longe deteriori errore labuntur. Quippe, cum illi non nisi conceptibus quibusdam rationalibus, s. ad Noumena pertinentibus offendiculum ponant, ceteroquin intellectui maxime absconditis e. g. quaestio nibus de mundo spirituali, de omnipraesentia etc. hi ipsis Phaenomenis et omnium phaenomenorum fidissimo interpreti, Geometriae adversa fronte repugnant. Nam, ne apertum in definiendo spatio circulum, quo necessario intricantur, in medium proferam, Geometriam, ab apice certitudinis deturbatam, in earum scientiarum censum reiiciunt, quarum principia sunt empirica. Nam si omnes spatii affectiones non nisi per experientiam a relationibus externis mutuatae sunt, axiomatibus Geometricis non inest universalitas, nisi comperativa, qualis acquiritur per inductionem, h. e. aeque late patens ac observatur, neque necessitas, nisi secundum stabilitas naturae leges, neque praecisio, nisi arbitrario conficta, et spes est, ut fit in empiricis, spatium aliquando detegendi aliis affectionibus primitivis praeditum, et forte etiam bilineum rectilineum etc.", ferner folgende Stellen der Kr. d. r. V., S. 64: „Dagegen Die, so die absolute Realität des Raumes und der Zeit behaupten, sie mögen sie nun als subsistierend, oder nur inhärierend annehmen, mit den Principien der Erfahrung selbst uneinig sein müssen. Denn entschliessen sie sich zum Ersteren, (welches gemeiniglich die Partei der mathematischen Naturforscher ist), so müssen sie zwei ewige und unendliche für sich bestehends Undinge (Raum und Zeit) annehmen, welche da sind (ohne dass doch etwas Wirkliches ist), nur um alles Wirkliche in sich zu befassen. Nehmen sie die zweite Partei (von der einige metaphysische Naturlehrer sind), und Raum und Zeit gelten ihnen als von der Erfahrung abstrahierte, ob zwar in der Absonderung verworren vorgestellte Verhältnisse der Erscheinungen (neben - oder nacheinander), so müssen sie den mathematischen Lehren a priori in Ansehung wirklicher Dinge (z. B. im Raume) ihre Gültigkeit, wenigstens die apodiktische Gewissheit streiten, indem diese a posteriori gar nicht stattfindet, und die Begriffe a priori von Raum und Zeit dieser Meinung nach, nur Geschöpfe der Einbildungskraft sind, deren Quell wirklich in der Erfahrung gesucht werden muss, aus deren abstrahierten Verhältnissen die Einbildung etwas gemacht hat, was zwar das Allgemeine derselben enthält, aber ohne die Restriktionen, welche die Natur mit demselben verknüpft hat, nicht stattfinden kann. Die Ersteren gewinnen so viel, dass sie für die mathematischen Behauptungen sich das Feld der Erscheinungen frei machen; dagegen verwirren sie sich sehr durch eben diese Bedingungen, wenn der Verstand über dieses Feld hinaus gehen will. Die Zweiten gewinnen zwar in Ansehung des Letzteren, nämlich, dass die Vorstellungen von Raum und Zeit ihnen nicht in den Weg kommen, wenn sie von Gegenständen nicht als Erscheinungen, sondern blos im Verhältnis auf den Verstand urteilen wollen; können aber weder von der Möglichkeit mathematischer Erkenntnisse a priori (indem ihnen eine wahre und objektiv giltige Anschauung a priori fehlt) Grund angeben, noch die Erfahrungssätze mit jenen Behauptungen in notwendige Einstimmung bringen" unten, S. 60 a: „Die Zeit ist nicht etwas, was für sich selbst bestünde, oder den Dingen als objektive Bestimmung anhinge, mithin übrig bliebe, wenn man von allen subjektiven Bedingungen der Anschauung derselben abstrahiert: Denn im ersten Fall würde sie etwas sein, was ohne wirklichen Gegenstand doch wirklich wäre. Was aber das zweite betrifft, so könnte sie als eine den Dingen selbst anhangende Bestimmung oder Ordnung nicht vor den Gegenständen, als ihre Bedingung vorhergehen, und a priori durch synthetische Sätze erkannt und angeschaut werden. Dieses letztere findet dagegen sehr wohl statt. . . ."

Ueberall werden hier die Begriffe Raum und Zeit (unabhängig von der Apriorititätslehre) erörtert, und es wird gezeigt, wie der Gedanke ihrer objektiv-realen Existenz notwendig zu Widersprüchen führt. Man kann sich nämlich, so führt Kant an den genannten Stellen aus, die reale Existenz von Raum und Zeit in dreierlei Weise denken. Entweder man hält sie für selbstständige Substanzen; so muss man „zwei ewige und unendliche Undinge" (Raum und Zeit) annehmen, welche da sind (ohne dass doch etwas Wirkliches ist), nur um alles Wirkliche in sich zu befassen." Für die Zeit insbesondere käme man zu dem Gedanken eines stetigen Flusses im Dasein, ohne ein daseiendes Ding — commentum absurdissimum (Dissert. § 14, 5). Das Entsprechende ergiebt sich für den Raum. Ueberdies vermag derjenige, welcher Raum und Zeit für reale Substanzen erklärt, keine andere als eine Zirkeldefinition von ihnen zu geben. Die zweite Möglichkeit einer obsolut realen Existenz von Raum und Zeit wäre die, dass sie nur als Verhältnisse der Dinge zu betrachten wären. Hiergegen sprechen verschiedene Gründe. Was den Raum angeht, so steht schon seine bewiesene Anschaulichkeit damit im Widerspruch. Aber man kann auch nicht „die Erfahrungssätze mit jener Behauptung in notwendige Einstimmung bringen." (Kr. d. r. V., S. 65; § 15, D. d. Dissert.) Wenn Raum und Zeit nur Beziehungen oder Verhältnisse zwischen den Dingen wären, so müssten sich Raum und Zeit ihrem Wesen nach ändern, wenn sich die Beziehungen zwischen den Dingen ändern, sie zeigen sich aber dagegen ganz gleichgiltig. Wenn z. B. ein Körper seine Stelle im Raum ändert, so bleibt der Raum selbst ganz unverändert[1]). Schliesslich könnte man sich Raum und Zeit noch als Eigenschaften der Dinge denken. Dagegen gilt aber das zuletzt Gesagte gleichfalls. Allein selbst diejenigen Gegner Kants, die um alle diese Gedankengänge sehr wohl wussten, glaubten noch eine Möglichkeit der realen Existenz von Raum und Zeit zu sehen. Es ist nämlich gesagt worden: aber wäre es denn nicht möglich, dass Raum und Zeit 1) reine Anschauungsformen a priori sind, 2) und doch zugleich realiter und absolut genommen existieren? Jedoch würden dann ja zunächst für den absoluten Raum und die absolute Zeit alle jene aufgewiesenen Schwierigkeiten wiederkehren, und man hat also zum mindesten kein Recht beide entweder als Substanzen, oder als Eigenschaften, resp. Verhältnisse der Dinge anzusehen. Aber sie könnten ja in den Dingen nur ein Analogon haben? Hiergegen vergl. Prol. § 13 Schluss der Anm. II: „Ich möchte gerne wissen, wie denn meine Behauptungen beschaffen sein müssten, damit sie nicht einen Idealismus enthielten. Ohne Zweifel müsste ich sagen, dass die Vorstellung vom Raume nicht blos dem Verhältnisse, was unsere Sinnlichkeit zu den

---

1) Vergl. Schultz, Prüfung, Teil I, S. 90.

Objekten hat, vollkommen gemäss sei, denn das habe ich gesagt, sondern dass sie sogar dem Objekte völlig ähnlich sei; eine Behauptung, mit der ich keinen Sinn verbinden kann, so wenig, als dass die Empfindung des Roten mit der Eigenschaft des Zinnobers, der diese Empfindungen in mir erregt, eine Aehnlichkeit habe." Diese Stelle will doch offenbar sagen: selbst gesetzt, es gäbe in den Dingen an sich objektive Gründe des Raumes und der Zeit, so könnten doch diese nicht wieder selbst räumlich-zeitlich sein; aus demselben Grunde nämlich, aus dem man der subjektiven Empfindung des Roten keine Aehnlichkeit mit der Eigenschaft des Zinnobers, die diese Empfindung erregt, zulegen darf; es läge hier eine Verwechslung von Ursache und Wirkung vor. Uebrigens hat ja Kant selbst objektive Gründe des Raumes und der Zeit gelehrt, vergl. die Streitschrift gegen Eberhard, Abschn. C. Damit kann aber gar nichts anderes gemeint sein, als die Bestimmung, die in der unbekannten Relation zwischen dem, was der Erscheinung zugrunde liegt, und unserem erkennenden Subjekt vorgefunden wird und die uns nötigt der Erscheinung gerade diese und keine andere räumlich-zeitliche Ordnung zu erteilen; wovon natürlich aber die Apriorität und Idealität der Zeit und des Raumes ganz unberührt bleibt [1]) Diese Parallele zwischen den Empfindungen und den Anschauungsformen lässt übrigens den Unterschied beider im Sinne Kants ganz unbeschadet bestehen: die Empfindungen sind zufällig, die Formen des Raumes und der Zeit für alle Erfahrung notwendig.

Kant wollte nun seiner Lehre von der Idealität des Raumes und der Zeit noch eine Stütze in der Antinomienlehre geben; allein, da wir mit Trendelenburg der Ansicht sind, dass erstens die von Kant behandelten Antinomieen keine wirklichen Antinomieen sind, und dass zweitens,

---

1) Vergl. Liebmann „Obj. Anblick", S. 153 unten.

wenn sie es wären, die Lehre Kants auch keine Lösung dafür böte; so müssen wir natürlich darauf verzichten, sie als Beweis heranzuziehen [1]).

Die wichtigen Folgerungen, welche sich aus der Apriorität und Idealität des Raumes und der Zeit ergeben, sind von Kant in der Kr. d. r. Vernunft aufs klarste dargelegt worden. Wären dieselben allezeit mehr beachtet worden, die Philosophie hätte sich, namentlich zu Beginn unseres Jahrhunderts, manchen Misserfolg ersparen können. Indessen ist gerade dieser wichtige Teil der Philosophie Kants, seine transscendentale Aesthetik, im Lauf der Zeit vielfach angegriffen und bestritten worden. Wenden wir uns nunmehr also zur Besprechung der Einwände, welche gegen dieselbe erhoben worden sind. Hier müssen wir uns nun freilich grosse Beschränkung auferlegen, indem wir nur die wichtigsten Gegner beachten; denn eine erschöpfende Erörterung der gesammten Litteratur, welche sich mit der Kantischen Lehre von Raum und Zeit beschäftigt, würde den Rahmen dieser Arbeit weit überschreiten müssen.

Fassen wir zunächst diejenigen Schriften ins Auge, die noch zu Lebzeiten Kants entstanden sind. Wir werden in diesen schon manches Bedenken finden, welches noch heute gegen die Kantische Lehre geltend gemacht wird. So hat z. B. schon Pistorius (in seinen Recensionen in der Nikolaischen allg. deutschen Bibliothek, Bd. 66, St. 1; 87, St. 2; 88, St. 1) auf jene angebliche Lücke im Kantischen System hingewiesen, die dann in unserer Zeit im Trendelenburg-Fischer'schen Streit eine so grosse Rolle gespielt hat [2]). Er sagt, es gäbe drei Hypothesen über das Wesen von Raum und Zeit. Die erste, die Kantische, lehre die ausschliess-

---

1) Vergl. Trendelenburg, Histor. Beiträge, Bd. III, S. 233 ff. Ferner: Schopenhauer, W. a. W. u. V., Bd. I, S. 627 ff. Lotze, Metaphysik, S. 202 ff. 273. Erhardt, Kr. d. Kant. Ant.
2) Vergl. Vaihinger, Commentar, Bd. II, S. 143 ff.

liche Subjektivität von Raum und Zeit; die zweite lasse beide objektiv als unabhängige Wesen bestehen. „Endlich, wie ist die dritte Hypothese dass die Vorstellungen von Raum und Zeit beides zugleich, subjektiv und objektiv, seien, zu verstehen? Ohne Zweifel so, dass man zugesteht, dass irgend eine Eigenheit in der Natur der menschlichen Vorstellungskraft den Grund enthalte, warum wir uns die Objekte in Raum und Zeit vorstellen müssen; aber da diese Vorstellungen auch objektiv sein sollen, so wird obiges so eingeschränkt, dass jener Eigenheit des menschlichen Geistes ohnerachtet, doch nie eine Vorstellung von Raum und Zeit in demselben entstehen würde, wenn nicht in den Gegenständen selbst ein Grund und eine Veranlassung dazu läge." Diese letztere Möglichkeit soll Kant, nach Pistorius, übersehen haben; dass das nun thatsächlich nicht der Fall ist, haben wir uns schon oben bemüht zu zeigen.

Eine lehrreiche Gegenschrift ist ferner die von J. G. H. Feder, „Ueber Raum und Causalität" (1787). Zwar sind die meisten der darin erhobenen Einwände schon im vorigen Jahrhundert durch die klare Schrift von Joh. Schultz, „Prüfung der Kantischen Kr. d. r. V.", Königsberg 1789, widerlegt. Wir wollen aber wenigstens auf diejenigen Bedenken Feders eingehen, die man noch heute gegen die Kantische tr. Aesthetik vorbringt. Die unter 1 bis 4 vorgebrachten Einwände in Feders Schrift S. 27--29 sind von keinerlei Bedeutung und von Schultz hinlänglich widerlegt (S. 123, S. 87 ff.) Dagegen der unter 5) enthaltene Angriff hat sich im Lauf der Zeit so oft wiederholt, dass er eine kurze Erörterung zu verdienen scheint. Es heisst da auf S. 29: „Aber wirklich ist's doch nicht die Vorstellung des leeren Raumes so ganz allein, die allem unsern Denken anklebt und uns überall verfolgt. Kann sich denn wirklich ein lebendiger und seine Besonnenheit beibehaltender Mensch der Vorstellung von Dingen im Raume, oder der Vorstellung von Dingen, die den Raum hie und da begrenzen, völlig enthalten?" Hiergegen ist nun zu bemerken, dass das Kantische Argument einzig auf die Notwendigkeit der Vorstellung des Raumes gegenüber der Zufälligkeit der Vorstellungen der Dinge im Raum hinweisen will. Es ist uns unmöglich, die Vorstellung eines Dinges zu haben, das nicht im Raum sei, während wir uns sehr wohl jedes einzelne Ding aus dem Raum entfernt denken können. Uebrigens könnten wir mit Lotze sagen, dass „die zugestandene Beweglichkeit der Dinge (im Raum) allein zum Beweise hinreicht, dass wir die Vorstellung des völlig leeren Raumes als eine für sich mögliche auch dann mitdenken, wenn wir ihn thatsächlich durch das Reale erfüllt betrachten"[1]. Von den weiteren Angriffen Feders wollen wir noch besonders diejenigen herausheben, die sich gegen den Kantischen Beweis aus der Unendlichkeit des Raumes richten (§ 13), weil auch diese später erneut worden sind[2]. Auf S. 53 unter 1) heisst es bei Feder: „Unsere wirklichen Anschauungen haben allemal Grenzen; mögen sie nun von aussenher, oder innerlich durch die Imagination bewirkt werden. Das Prädikat unendlich geben wir dem Raum nur darum, weil wir ihm keine bestimmten Grenzen anweisen können. Wo sollen diese herkommen? Wo keine Realität ist, kann keine aufhören. Wo nichts ist, wo es leer ist, da ist Raum. So urteilen wir, dass der Raum unendlich sei. Braucht es dazu eines angeborenen Begriffes?" Nun haben wir schon gesehen, dass der Ausdruck: der Raum sei uns als eine unendliche Grösse gegeben, nicht so verstanden werden darf, als ob wir jederzeit die anschauliche Vorstellung des unendlichen Raumes hätten (wie diesen Ausspruch

---

1) Lotze, Metaphysik, S. 199 unten.
2) Zu den früheren Einwürfen vergl. Schultz, Prüfung, S. 98 bis 105.

z. B. auch Herbart auffasste); sondern warum es sich handelt ist nur, „dass wir uns eine absolute Grenze des Raumes nicht vorstellen können". Diese Thatsache zu erklären, genügt es nicht, wie Feder unter 2) S. 54 darauf hinzuweisen, dass wir in unserer Erfahrung nirgends auf eine Grenze des Raumes stossen. Dabei bliebe immer noch die entgegengesetzte Möglichkeit denkbar, nämlich, dass der Raum endlich sei. Unsere apodiktische Behauptung aber, dass der Raum unendlich sein müsse (die ja übrigens Feder selbst unter 3) a) S. 55 aufstellt), lässt sich nur aus der Apriorität der Raumesanschauung begreifen. Uebrigens enthalten die Worte Feders: „Wo keine Realität ist, kann keine aufhören. Wo nichts ist, wo es leer ist, da ist Raum" einen Beleg dafür, dass man bei tieferem Nachdenken gewissermassen von selbst auf die Lehre von der Idealität des Raumes geführt wird. Da die Untersuchung über die Causalität nicht in unser Thema fällt, und da wir ferner, wie oben gesagt, in der Antinomienlehre keine Stütze der tr. Aesthetik sehen, so können wir hier Feders Untersuchungen über diese Gegenstände unerörtert lassen [1]). Uebrigens nähert sich Feder den Ansichten Kants in seiner 1794 erschienenen Schrift „Grundsätze der Logik und Metaphysik".

Vom Standpunkt des Loke'schen Empirismus aus wandte sich D. Tiedemann gegen Kant und unterzog namentlich auch die tr. Aesthetik einer eingehenden Kritik. Wir wollen auch von seinen Angriffen wieder nur das Wichtigste herausgreifen [2]). Auch Tiedemann hat die angebliche Lücke im

---

1) Gegen Feder schrieb auch der Anhänger Kants, Schaumann, „Ueber die tr. Aesthetik" 1789. Einen Ueberblick über die Streitigkeiten der Kantianer und Antikantianer zu Lebzeiten Kants kann man gewinnen aus W. L. G. Frhr. v. Ebersteins „Versuch einer Geschichte der Logik und Metaphysik" 1799, Bd. II.

2) Vergl. 3 Aufsätze in den „Hessischen Beiträgen (1789) zur Gelehrsamkeit und Kunst," sowie besonders: „Theätet, oder über das menschliche Wissen" Frankf. a/M. 1794.

Kantischen System entdeckt. Vergl. Theätet, S. 46—47 „Hier fällt gleich anfangs eine nicht unbeträchtliche Lücke dieser Theorie auf. Zugegeben, dass Raum und Zeit Formen der äusseren und inneren Anschauung sind, dass sie es uns Menschen sind, folgt noch nicht, dass sie es nur uns Menschen sind. Ob wir gleich die Empfindungsart anderer Wesen nicht kennen, mithin daraus nicht entscheiden können, ob sie auf die menschliche Art empfinden: so sind wir doch auch nicht berechtigt, zu behaupten, dass sie auf ganz andere Art empfinden, mithin gilt daraus, dass beide Formen unserer Sinnlichkeit sind, der Schluss nicht, dass sie es nur uns sind." Wie weit aber Kant von diesem Schluss entfernt war, zeigt die Stelle der Kr. d. r. V., S. 75: „Es ist auch nicht nötig, dass wir die Anschauungsart in Raum und Zeit auf die Sinnlichkeit des Menschen einschränken; es mag sein, dass alles endliche denkende Wesen hierin mit dem Menschen notwendig übereinkommen müsse. . ."

Tiedemann fährt fort: „Sie könnten dem ungeachtet gar wohl Formen aller Sinnlichkeit sein; und wenn das ist, so ist hieraus allein nicht klar, das Raum und Zeit nur uns Menschen Gültigkeit und Realität haben. Auch könnten diese Formen gar wohl mit den Formen der Gegenstände selbst übereinkommen, mithin gilt hieraus allein kein Schluss, dass sie in den Dingen an sich gar nicht gefunden werden. Immerhin also kann man zugeben, dass sie Formen unserer Sinnlichkeit sind, und ihre objektive Realität doch behaupten." Wegen dieser letzten Sätze brauchen wir nur auf unsere früheren Ausführungen zu verweisen. Die weiteren Darlegungen im Theätet S. 48—52 beruhen einesteils auf einer ganz falschen und willkürlichen Interpretation Kants und lassen andererseits schon einen Einwand durchklingen, dem wir später auch bei Herbart wieder begegnen werden. Ich setze eine kurze Stelle als besonders kennzeichnend wörtlich hierhin. Indem sich Tiedemann gegen die Behauptung wendet, dass der Raum die Form sei, in welcher wir unsere äusseren Empfindungen ordnen, sagt er S. 48: „der Raum bestimmt nicht, warum in dem Bilde der Rose Farbe, Geruch, eine Kraft zu erquicken durch den Geruch, Härte und Gestalt verknüpft werden; die ganze Zusammensetzung dieses Bildes und dieser zusammengesetzten Empfindung ist aus ihm nicht erklärlich. Gleichwohl müsste auch diese Frage beantwortet werden, wenn man von Formen der Empfindung reden und aus den Formen ihre Bildung ableiten will." Kant hat nun nie und nirgends behauptet, dass es der Raum wäre, welcher die subjektiven Empfindungen, als da sind: Geruch der Rose, ihre Farbe u. s. w., zu einem Gesamtbild zusammenfasste, folglich kann man auch nicht verlangen, dass der Raum diese Zusammenfassung erklärlich machen soll. Kantisch gesprochen, müsste es vielmehr heissen, dass wir selbst, d. h. das empfindende Subjekt, eine Fähigkeit hätten, die verschiedenen Empfindungen im Raum zu ordnen und zu einem Bilde zusammenzufassen. Bleibt aber immer noch die Frage (und diese ist es, die Herbart wieder aufnahm): woher kommt es, dass wir in jedem einzelnen Fall gezwungen sind, gerade diese und keine andere Gestalt an einem Körper wahrzunehmen? Wir haben schon oben darauf geantwortet, vergl. S. 24. Wenn auch der Raum ein subjektives Gesetz unserer Anschauungsthätigkeit ist, so mag es doch im Objekt begründet sein, dass wir gezwungen sind dem gegebenen Stoff der Anschauung gerade diese bestimmte räumliche oder zeitliche Anordnung zu geben.

Dieselben Betrachtungen wiederholen sich hinsichtlich der Zeit, S. 52 ff. Auch hier mag es mir gestattet sein einige wenige Sätze wörtlich wiederzugeben, weil daselbst in ganz bündiger Form ein Einwand gegen die Lehre Kants erscheint, den man von der Seite des Empirismus immer und immer wieder hören muss; es heisst da: „Sie (die Zeit) ist nicht mittelbar die Form des äusseren Sinnes, das ist, das Nacheinander in äusseren Empfindungen kommt ihnen nicht aus dem inneren Sinne. Dass ich einen Schlag der Glocke nach dem anderen höre, einen Menschen nach dem anderen sehe, entsteht blos daher, dass die Eindrücke von aussen nacheinander gemacht werden, denn wo die nicht so erfolgen, da empfinde ich äusserlich nicht nach einander." Das Richtige an diesem ganzen Einwand ist 1) dass wir ohne Wahrnehmungen gar nicht zum Begriffe der Zeit kämen, und 2) dass es nicht in unserer Willkür liegt, ob wir zwei Dinge als gleichzeitig oder nacheinander wahrnehmen; dagegen ist zweierlei übersehen, nämlich einmal, dass die Aufeinanderfolge selbst nur in der Zeit möglich ist, und dann auch, dass selbst unter der Annahme (die aber mit dem vorigen im Widerspruch steht) einer objektiven Sukzession, doch allemal ein Subjekt erforderlich ist, welches urteilt, dass zwei Dinge nacheinander oder gleichzeitig existieren; denn die Aufeinanderfolge der Wahrnehmungen ist noch nicht die Wahrnehmung der Aufeinanderfolge [1]. Wir sind gezwungen zwei Dinge oder Vorgänge als gleichzeitig oder auf einander folgend, also überhaupt in der Form der Zeit aufzufassen, d. h. die Zeit ist mit den Funktionen unserer Denkthätigkeit notwendig verknüpft, also a priori.

Schon Tiedemann hat ferner dem ersten Kantischen Raumargument den Vorwurf gemacht, es beruhe auf einem Cirkelschluss [2]. Einesteils nämlich, so sagt er, kommt man zum Begriff des Raumes nur durch die Wahrnehmung des Aussereinander und Nebeneinander; anderseits soll aber nach Kant der Raum die vorhergehende Vorstellung sein. (Vergl. S. 58 ff). Der eigentliche Beweisgrund wird hierdurch aber gar nicht berührt. Mögen wir immerhin unsern Begriff vom Raum erst bilden, wenn wir die Wahrnehmung des

---

1) Vergl. Wundt, Logik, Bd. I, S. 482. Lotze, Syst. d. Philosophie, II. Aufl., I. Teil, S. 532 ff.
2) Wie in neuerer Zeit Ueberweg, Kirchmann u. a.

Nebeneinander und Aussereinander haben; es handelt sich hier aber um die Thatsache, dass wir unsere zunächst lediglich subjektiven Vorstellungen von Dingen und Vorgängen in einen Raum ausserhalb uns versetzen. Hieraus hat Kant auf die Apriorität des Raumes geschlossen. Was Tiedemann S. 68 gegen das zweite Kantische Raumargument vorbringt, steht gar nicht mit der Ansicht Kants im Widerspruch: „Es kann ja auch dasjenige" — so heisst es hier — „nicht weggedacht werden, oder in Gedanken aufgehoben werden, was aus der Natur unseres Gemüts durch Beihülfe und Mitwirkung anderer Dinge unwidertreiblich folgt. Von dem rechtwinklichten, gleichschenklichten Dreieck kann ich nicht wegdenken, dass es die Hälfte eines Quadrats von gleicher Grösse des Kathetus ist, und gleichwohl erfolgt dies nicht aus dem Dreieck allein, sondern setzt die Hinzunahme eines Quadrates voraus." Aber der ganze Satz, fügen wir hinzu, folgt aus der Natur unseres Raumes; und eben den Umstand, dass solche Sätze, die sich lediglich auf die Anschauung des Raumes stützen, von uns als apodiktisch gewiss anerkannt werden müssen, hat ja Kant mit Recht als einen Beweis für die Apriorität des Raumes benutzt.

Die nächsten Erörterungen (S. 69—74) sind deshalb von weniger Wichtigkeit, weil sie immer von der falschen Voraussetzung ausgehen, als ob Kant gelehrt hätte, wir trügen die fertige Vorstellung des Raumes gleich von Geburt in uns, so dass also auch ein Mensch, der von Natur gefühllos gegen Tastempfindungen und zugleich blind wäre, eine fertige Anschauung des Raumes hätte. Das Gesetz der räumlichen Anordnung kann aber doch — und das hat natürlich Kant sehr wohl gewusst — nur da in Anwendung kommen, wo etwas Anzuordnendes vorhanden ist, d. h. wenn wir Gesichts- oder Tast-Empfindungen haben. Auch muss natürlich die Anwendung unserer Denkgesetze geradeso gelernt werden, wie der Gebrauch der Glieder. Wenn z. B. ein neugeborenes Kind die Entfernung eines Gegenstandes, den man ihm hinreicht, viel zu kurz schätzt, so ist das eben nur ein Beweis, dass es noch nicht richtig räumlich anschauen gelernt hat.

Wenden wir uns nunmehr zur Betrachtung der Kritik, die Tiedemann an den Kantischen Zeitargumenten ausübt. Auch diese scheint uns vollkommen verfehlt. So bemüht sich Tiedemann S. 107—108 nachzuweisen, dass die Ausdrücke „zugleich" und „zu einer und derselben Zeit" zwei ganz verschiedene Bedeutungen hätten. Um dies darzuthun, macht er folgende Hypothese: „Nehmt, es seien zwei Diamanten ohne alle Veränderung nebeneinander, auch ohne, dass ausser ihnen einige Veränderungen sich ereignet; sie seien ganz allein in der ganzen Natur vorhanden, und machen allein alles Existierende aus." Dann sollen wir, nach Tiedemann, von ihnen wohl aussagen können: sie sind zugleich, aber dagegen nicht: sie sind zu ein und der nämlichen Zeit; letzteres nicht: denn wir könnten ja seine Frage, in welcher Zeit sie seien, d. h. ob in einem Jahr, Monat, Tag u. s. w. nicht beantworten. Hier ist nun offenbar Zeitmessung und Zeit verwechselt. Wir können freilich die Zeit nur an der Bewegung messen; und wenn ich mir daher die Bewegung ganz aus der Welt wegdenke, so giebt es natürlich auch kein Jahr, keinen Monat u. s. w. mehr [1]). Um nun aber

---

1) Uebrigens sind schliesslich auch alle Zeitmasse rein subjektiver Natur. Vergl. hierzu K. E. v. Baers Rede: „Welche Auffassung der lebenden Natur ist die richtige? und wie ist diese Auffassung auf die Entomologie anzuwenden?" In den 1864 erschienenen Reden, Bd. I, S. 254: „Aber ich zweifle nicht, dass das kleine Zeitmass, welches wir eine Sekunde nennen und künstlich bestimmt haben, von unserm Pulsschlage oder Herzschlage genommen ist, u. s. w." Zu der ganzen Abhandlung vergl. eine Stelle in Kants Metaph. Anfangsgr. d. Naturw. I. Hptst. Erkl. 2, Anm. 3, wo Kant auf die Bedeutung des Zirkellaufs der Säfte für die Auffassung der Geschwindigkeit hinweist.

auf den Kern der Sache zukommen, so können wir von den zwei Diamanten entweder schlechthin aussagen: „sie sind, sie existieren," indem wir einzig und allein auf ihr Dasein reflektieren; und das ist es, was Tiedemann unter dem Urteil „sie sind zugleich" hier verstanden haben will; denn, wenn ich das Urteil „sie sind zugleich" unzeitlich auffassen soll, so sage ich damit eben nur etwas über ihre Existenz aus; wenn ich aber mehr damit sagen will, so kann es nur sein, „sie sind in derselben Zeit." Uebrigens wiederholt Tiedemann hier gegen das erste Zeitargument den Vorwurf, es enthalte einen Zirkelschluss. Demgegenüber gilt nun mutatis mutandis, was wir inbezug auf das erste Raumargument gesagt haben. Gegen das zweite Zeitargument bringt Tiedemann (S. 110—111) folgende zwei Einwände vor: 1) Zugegeben dass die Zeit von der Art unseres innern Empfindens nicht trennbar ist, so folgt daraus noch nicht ihre Apriorität; denn wir könnten in der Art unseres Wahrnehmens auch von den Gegenständen, die uns afficieren, abhängig sein. Dem gegenüber stellt ja aber gerade das Kantische Argument fest, dass wir uns die Gegenstände sehr wohl aus der Zeit entfernt denken können, also uns eine Zeit denken können, in der wir von keinen Gegenständen afficiert werden; dass wir uns aber andererseits keine Wahrnehmung denken können, die nicht in der Zeit wäre. Der 2) Einwand lautet: Wir könnten doch sehr gut Wahrnehmungen haben, auch wenn es keine Jahre, Tage, Stunden u. s. w. gäbe. Es liegt hier wieder die Verwechslung zwischen der Zeit und den (an und für sich ganz willkürlichen) Zeitmaassen vor. Was schliesslich Tiedemann auf S. 111 noch vorbringt, deckt sich mit jenem schon von Kant selbst Kr. d. r. V., S. 63 oben widerlegten Einwand, den ihm schon Lambert, Mendelssohn, Schultz u.s.w. gemacht hatten.

Eine Besprechung der Kantischen Kritik, welche noch heute von Gegnern der tr. Aesthetik als sehr bedeutend und scharfsinnig gepriesen wird (so z. B. von Vaihinger), ist die Schrift Brastbergers „Untersuchungen über Kants Kr. d. r. V." (1790). Man muss zugeben, dass derselbe die Schwächen des Kantischen Systems sehr wohl zu finden weiss; er entdeckt, wie Jacobi, Aenesidem u. a., den Widerspruch in Kants Lehre von der Causalität, welcher darin liegt, dass Kant einerseits der Causalität nur Geltung innerhalb der Erscheinungswelt zuschreibt und andererseits doch von einer Afficierung unserer Sinnlichkeit durch die Dinge an sich spricht, u. s. w.[1]). Was aber seine Einwürfe gegen die tr. Aesthetik anbelangt, so decken sie sich im Grossen und Ganzen mit denjenigen, welche wir schon bei Pistorius fanden, und gipfeln in dem versuchten Nachweis einer Lücke im System Kants. Wir verweisen deshalb auf unsere früheren Ausführungen.

Höchst berühmt wegen ihrer Klarheit und Gründlichkeit ist die Schrift „Aenesidemus, oder über die Fundamente u. s. w." 1792) von G. E. Schulze. Wir wollen daher nicht unterlassen zu untersuchen, welche Einwände hier vom Standpunkte einer tiefgehenden Skepsis gegen die tr. Aesthetik erhoben werden. Wir sahen, wie die synthetischen Urteile a priori bei Kant eine wichtige Rolle spielten. Aenesidem bestreitet nun, dass man aus der Notwendigkeit und Allgemeingültigkeit gewisser synthetischer Urteile auf ihre Apriorität schliessen dürfe. So heisst es auf S. 143 (unter a) „Es ist nämlich unrichtig, dass, wie in der Vernunftkritik angenommen wird, das Bewusstsein der Notwendigkeit, welches gewisse synthetische Sätze begleitet, ein unfehlbares Kennzeichen ihres Ursprungs a priori und aus dem Gemüte ausmache." Denn, so führt Schulze aus, auch die Empfindungen der äusseren Sinne, welche doch nach Kants eigener Lehre von Dingen ausser uns herstammen, führen eine gewisse

---

1) Vergl. Liebmann, Kant u. d. E.

Notwendigkeit mit sich. „Wir können es uns zwar denken, dass sie nicht dagewesen wäre, oder dass während ihres Dasein eine andere Empfindung deren Stelle eingenommen hätte: Allein wir können diese andere nicht wirklich haben, oder jene ganz und gar vertilgen; sondern sind uns vielmehr ihres gegenwärtigen Daseins als etwas Notwendigen bewusst." Nach Schulze liegt also der Unterschied zwischen der Notwendigkeit der Empfindungen und derjenigen der von Kant als apriorisch bezeichneten Sätze nur in der Zeitdauer, mit welcher sie vorherrscht. Die Empfindung ist nur so lange notwendig, als sie gegenwärtig ist; die Notwendigkeit der synthetischen Sätze bleibt aber immer bestehen. Er meint nun weiter, dass, wenn es überhaupt möglich ist, dass empirische Gegenstände uns derart afficieren, dass wir eine zeitlang das Gefühl der Notwendigkeit haben; so sei es doch auch wohl sehr gut denkbar, dass die Gegenstände in uns Erkenntnisse hervorbringen, deren Verbindung jederzeit das Bewusstsein der Notwendigkeit mit sich führt. Allein diese ganze Ueberlegung beruht auf einem Irrtum. Schon Leibniz unterschied richtig die „thatsächlichen Wahrheiten" von den „notwendigen Wahrheiten." Die thatsächlichen Wahrheiten können nur assertorische Gewissheit beanspruchen, die notwendigen aber apodiktische. Nun gehören die Empfindungen zu den thatsächlichen Wahrheiten. Ausserdem müssen ja auch diejenigen Erkenntnisse, die Kant als Erkenntnisse a priori bezeichnet, allgemeingültig sein. Dass man dieses Prädikat den Empfindungen nicht beilegen kann, liegt auf der Hand; denn es ist ja Thatsache, dass Menschen, deren Intellekt ganz denselben Denkgesetzen unterworfen ist, doch (je nach der Einrichtung ihrer Sinnesorgane) auf denselben Reiz hin, ganz verschiedene Empfindungen haben. Sodann formuliert Schulze (unter b) folgendes Bedenken: da wir ja nach Kants eigener Lehre von den Dingen an sich gar nichts wissen können, so dürfen wir auch nicht von ihnen behaupten, sie seien nicht imstande, uns notwendige und allgemeingültige Erkenntnisse zu geben. Allein, wenn uns die Dinge an sich überhaupt irgend welche Erkenntnisse geben sollen, so müssen sie in Beziehung zu unserem Erkenntnisvermögen treten, d. h. sie müssen unsere Vorstellung werden, oder, was dasselbe ist, in unsere Erfahrung eingehen. Mit Recht behauptet aber Kant, dass uns unsere Erfahrung keine allgemein gültigen und notwendigen Sätze geben könne. Schliesslich wird (unter c) von Aenesidem geltend gemacht: „Eine Ableitung des Notwendigen und Allgemeingültigen in unserer Erkenntnis aus dem Gemüte macht das Dasein desselben (des Notwendigen in der Erkenntnis) im geringsten nicht begreiflicher, als eine Ableitung ebendesselben von Gegenständen ausser uns und von deren Wirkungsweise." Denn nach Kants eigener Lehre sei uns ja das Gemüt nach dem, was es an sich sein mag, ganz unbekannt. Doch auch diese Entgegnung ist verfehlt. Wenn wir einsehen, dass wir ohne Raum und Zeit überhaupt nicht vorstellen können, (wobei es denn ganz gleichgültig ist, wie unser Vorstellungsvermögen an sich beschaffen ist, ob Substanz, Thätigkeit u. s. w.), so leuchtet auch ein, warum die Sätze, die sich unmittelbar auf Raum und Zeit beziehen, für jede der unsrigen gleiche Intelligenz bindend sind. Hiermit haben wir aber auch die wichtigsten Einwände, die sich im Aenesidemus auf unser Thema beziehen, erledigt. Denn, was sonst noch wider die tr. Aesthetik vorgebracht wird, ist uns schon bei Pistorius begegnet (vergl. S. 151).

Ausschliesslich mit der tr. Aesthetik beschäftigt sich eine anonyme Schrift aus dem Jahre 1790, betitelt: „Ueber Raum und Zeit. Ein Versuch in Beziehung auf die Kantische Theorie"[1]. Wir finden in derselben wenig neue und originelle Gedanken; indessen wollen wir derselben doch einige

---

1) Der Verfasser ist C. G. Hausius.

Beachtung schenken. Der Verfasser hält sich in seinen Erörterungen zum grossen Teil an Joh. Schulze's „Erläuterungen . . ." Was den ersten Kantischen Beweis für die Apriorität des Raumes angeht, so verlangt er, die Behauptung, „dass die Empfindungen äusserer Dinge ohne die Vorstellung des Raumes nicht möglich sei", müsse erst selbst bewiesen werden; und ebenso der entsprechende Satz für die Zeit. Nach unserer Meinung vielmehr sind diese Sätze völlig evident. Denn damit ich die Empfindungen, die doch zunächst nur in meinem Vorstellungsvermögen sind, auf etwas ausser mir beziehe, muss ich sie in den Raum versetzen. Wenn dann der Verfasser weiterhin einen Widerspruch findet zwischen dem eben zitierten Satz und jenem andern Kr. d. r. V., S. 55 „denn wir können von den Anschauungen anderer Wesen u. s. w.", so beruht das doch auf einem offenbaren Missverständnis. Kant hat die notwendige Gültigkeit von Raum und Zeit nur für die menschliche (und ähnliche) Intelligenzen bewiesen. Dabei bleibt die Möglichkeit offen, dass es andere Wesen giebt, die nicht an diese Formen gebunden sind; weiter will aber der zweite Satz auch nichts sagen.

Die Bedenken, die gegen den zweiten Kantischen Beweis vorgebracht werden, können wir ganz übergehen, weil sie durch unsere bisherigen Betrachtungen schon zugenüge aufgeklärt sind. In dem, was der Verfasser gegen das dritte Argument vorbringt, das sich auf die apodiktische Gewissheit der Sätze der Geometrie stützt, sind so viele Irrtümer und Missverständnisse enthalten, dass es uns viel zu weit führen würde, sie alle einzeln aufzudecken und zu widerlegen. Wir beschränken uns daher auch hier auf einige Hauptpunkte. Von der Art und Weise, wie der Verfasser in die Lehre Kants eingedrungen ist, giebt die Anmerkung auf S. 24 seines Werkes Zeugnis. Hier wird behauptet: Kant habe einerseits nur den analytischen Sätzen apodiktische Gewissheit zugeschrieben, andererseits doch die Sätze der Geometrie für apodiktisch gewiss erklärt, die er doch wiederum als synthetische hinstelle. Das wäre nun freilich ein arger Widerspruch, wenn es nur der Wahrheit entspräche. Der Irrthum liegt aber auf der Hand: Kant sagt nur, alle analytischen Sätze seien a priori (Prol. § 2 b), aber gewiss nicht umgekehrt, alle Sätze a priori seien analytisch. Auf S. 27 ferner bezweifelt der Verfasser, dass die Unabhängigkeit aller mathematischen Demonstrationen von der Erfahrung gewiss sei; vielmehr seien diese selbst ursprünglich nur Erfahrungen. Damit fiele dann freilich der ganze Beweis. Aber man sieht hier nur, wie dem Verfasser der Unterschied zwischen Erfahrungssätzen und Sätzen a priori, wie ihn Kant aufgestellt hat und auf den doch hier alles ankommt, gar nicht klar ist. Erkenntnisse a priori sind nach Kant solche, die denknotwendig und allgemeingültig sind; eben deswegen bedürfen sie auch gar keiner Bestätigung durch die Erfahrung. Wem wird es wohl einfallen, einen solchen Satz wie etwa: „In der Ebene ist die Gerade die kürzeste Verbindung zwischen zwei Punkten" empirisch prüfen zu wollen? Während andererseits die Erfahrungssätze, d. h. die durch empirische Induktion gewonnenen Sätze, eben gerade der Bestätigung durch die Erfahrung bedürfen: sie sind nicht denknotwendig. Denn, dass wir z. B. den Ton einer unter der Luftpumpe stehenden Schelle nicht mehr hören, wenn die Luft genügend verdünnt ist, zeigt zwar die Erfahrung; allein ich könnte mir (ohne darin Denkschwierigkeiten zu finden) sehr wohl vorstellen, dass der Schall eines ganz anderen Trägers bedürfte, als der Luft, etwa des hypothetischen Aethers. Folglich bleibt Kants Lehre gegen diesen Angriff zurecht bestehen. Auf den Einwand des Verfassers, dass der Raum nach Kant zugleich „Etwas" und doch auch „Nichts" sein solle (S. 29), hat Kant schon selbst in seiner Kr. d. r. V. geantwortet[1]), die der Verfasser überhaupt nicht sehr aufmerksam gelesen haben muss. Denn was Kant an der neben zitierten Stelle von der Zeit sagt, gilt natürlich auch vom Raum: er ist allerdings etwas Wirkliches, nämlich eine wirkliche Anschauungsform unseres Geistes. Wenn ich nun vom Anschauungsvermögen selbst abstrahiere, nun so sehe ich doch auch von seinen Anschauungsformen ab, und somit bleibt dann von der Zeit und dem Raum natürlich auch nichts übrig. Auf S. 37 ff. wird entwickelt, die mathematischen Demonstrationen könnten gar nicht in jenen Kantischen Anschauungsformen a priori liegen, weil diese ja von Anfang an leer seien. Es wäre dann auch gar nicht einzusehen, warum wir erst die Mathematik erlernen müssten und nicht gleich als fertige Mathematiker auf die Welt kämen? Schon Leibniz, der in diesem wichtigen Punkte in seiner Meinung von Kant nicht allzuweit entfernt ist, begegnete derartigen Einwürfen von Seiten der Empiristen durch seine Lehre von den „connaissances virtuelles". So war es denn natürlich auch nicht die Ansicht Kants, dass wir die Geometrie, d. h. alle ihre fertigen Lehrsätze, angeboren in unserem Geiste herumtrügen; sondern Kant hat nur gelehrt, dass der Raum eine Anschauungsform unserer Intelligenz sei, deren Gesetze wir aber erst erkennen lernen müssen. Auf S. 47 ff. glaubt dann der Verfasser nachweisen zu können, dass die mathematischen, speziell die geometrischen Sätze, alle analytisch seien. Ich mag z. B. in der Erfahrung — so führt er aus — ein Dreieck sehen; so kann ich davon einen logischen Begriff bilden; dieser Begriff aber, durch Definition aufgelöst, giebt einen Satz, der nicht die Entstehungsart des Objektes anzeigt, sondern sein Wesen entwickelt. Er ist also analytisch, und nur deshalb allgemeingültig und notwendig. Zunächst könnte man

---

1) Vergl. Kr. d. r. V., S. 63.

hiergegen einwenden, dass hier die erforderliche Synthesis schon in der Bildung des Begriffes vorhanden sein müsste. Der wesentliche Fehler in dieser Reflexion liegt aber schon in der Art und Weise, wie sich der Verfasser das Zustandekommen der geometrischen Begriffe, z. B. des Dreiecks, denkt. Ganz ähnliches findet man heute noch z. B. bei J. St. Mill (Logik I, Buch 2, Kap. 5, § 1), welcher auch meint, die Punkte, Linien u. s. w., die wir uns vorstellen könnten, seien nur Abbilder der Punkte, Linien u. s. w., die wir draussen gesehen hätten. Hiergegen vergl. Sigwart, Logik II, S. 68, Anm.: die Begriffe der Geometrie entstehen, wie Kant zurgenüge gezeigt hat, durch synthetische Definitionen, zu denen die Natur wohl mag den Anstoss gegeben haben; aber erstens zeigt uns die Natur gar keine genauen Kreise, u. s. w., und zweitens steht es ja auch in der Gewalt des Mathematikers durch eine solche Definition ein Gebilde zu schaffen, dass in der Natur auch nicht einmal annähernd vertreten ist. Die Ausführungen S. 50—53 richten sich teils gegen einen ungenauen Ausdruck in einer Schrift des Kantianers Jakob und können uns also nicht interessieren, teils betreffen sie die Unendlichkeit des Raumes, ohne doch etwas neues zu bringen (so auch S. 191). Auch die folgenden Ausführungen sind uns zum grössten Teil schon früher begegnet und beziehen sich vielfach auch gar nicht auf unser Thema, der Versuch des Verfassers, die Kantische Lehre als etwas Altes, längst dagewesenes hinzustellen, kann uns auch nicht weiter berühren, denn er würde, sein Gelingen vorausgesetzt, nur darthun, dass eine grosse und wichtige Wahrheit schon früh gefunden wurde. Die Ausführungen auf S. 150 ff. aber beweisen alle nur, wie es uns thatsächlich ganz unmöglich ist, den Raum aus unsern äussern Wahrnehmungen zu eliminieren. Schliesslich, so ungereimte Folgerungen, wie der Verfasser auf S. 150 glaubt aus der Kantischen Lehre ziehen zu dürfen, ergeben sich aus derselben nicht, sondern diese Darlegungen beweisen nur die gänzliche Unfähigkeit des Verfassers, den Sinn der tr. Aesthetik in sich aufzunehmen.

Einen besonders heftigen Streit über das Kantische System riefen einige Aufsätze in dem von dem Philosophen Eberhard 1788 gegründeten „philosophischen Magazin" hervor. Hier vereinigten sich namentlich viele Anhänger der Leibniz-Wolffischen Philosophie zum gemeinsamen Angriff auf die Lehre Kants. Für die letzteren trat dann die (schon 1785 von Schütz, einem Anhänger Kants, gegründete) Jenaer „Allgemeine Literaturzeitung" ein. Es waren besonders Eberhard selbst und Maass, welche hinsichtlich dieses Teiles seiner Lehre gegen Kant in der Zeitschrift Eberhards polemisierten. Wollten wir aber den ganzen Streit verfolgen, so würde das ein Buch für sich beanspruchen; wir wollen vielmehr, um auch hier nur das Wesentlichste zu berücksichtigen, nur einige Aufsätze der Kantgegner herausgreifen und besprechen, die uns die wichtigsten Angriffe zu enthalten scheinen [1]). Da dürfen wir denn vor allen Dingen einen Aufsatz von Maass nicht übergehen, der sich im 2. Stück des ph. M. befindet und überschrieben ist: „Ueber die transscendentale Aesthetik". Denn einerseits ist die Entgegnung in der Allg. Lit.-Ztg. recht schwach, und andererseits erkennt z. B. Vaihinger die von Maass erhobenen Einwände zum Teil als noch heute zu Recht bestehend an. Zuerst weist Maass auch auf jene angebliche Lücke im Systeme Kants hin; diese Beschuldigung haben wir zugenüge erörtert und als unbegründet zurückgewiesen. Dann wendet er sich zur Kritik der einzelnen Argumente

---

[1]) Eine übersichtliche Darstellung des ganzen Streites bei Eberstein, Versuch einer Geschichte der Logik und Metaphysik, Bd. II, S. 165—219; indessen leidet diese Darstellung unter dem allzuparteiischen Standpunkt Ebersteins, welcher ein Anhänger der Leibniz-Wolffischen Philosophie und ein Freund Eberhards ist.

Kants. Was den ersten Beweis angeht, so giebt Maass die Richtigkeit des Satzes zu, dass die Vorstellung des Raumes überall zugrunde liegen müsse, sobald wir uns etwas als ausser uns, oder als aussereinander denken. Aber diese Thatsache lasse nicht nur die eine Erklärung zu, welche Kant gegeben habe, nämlich, dass die Vorstellung des Raumes aller äusseren Wahrnehmung vorausgehen müsse; sondern es sei auch noch der zweite Fall möglich, dass der Raum jedesmal mit den Erscheinungen zugleich gegeben werde. Deshalb sei der Beweis ungenügend. Erwägen wir indessen, was denn der Ausdruck „der Raum kann auch mit den Empfindungen gegeben sein" eigentlich bedeuten will. Soll er soviel sagen wie: der Raum könnte ja eine Eigenschaft oder ein Verhältnis der Empfindungen sein? Dann ist zu entgegnen, dass ja die Empfindungen in den Raum versetzt werden; und ferner ist auf das folgende Argument hinzuweisen, welches ja gerade die Gleichgültigkeit des Raumes gegenüber den Gegenständen im Raum betont: ob ich z. B. die Lampe, die vor mir steht, von ihrem Platz entferne oder nicht, der Raum, den sie einnimmt, resp. einnahm, bleibt davon unberührt. Aber in einem anderen Sinne freilich ist uns der Raum zugleich mit den Empfindungen gegeben, insofern nämlich unsere anschauende Thätigkeit durch die Empfindungen veranlasst wird. In diesem Sinne kann man ja auch die Begriffe des Raumes und der Zeit empirisch nennen, denn freilich gewinnen wir sie, indem wir sie aus der Erfahrung herauslesen, in die wir sie doch selbst hineingetragen haben.

Gegen das zweite Argument für die Apriorität des Raumes glaubt Maass folgendes einwenden zu müssen: zugegeben, dass der Raum für uns eine notwendige Vorstellung ist, die Erscheinungen im Raume aber zufällig; so folgt daraus nur etwas inbetreff des Verhältnisses des Raumes und der Erscheinungen zu unserem Vorstellungsvermögen, aber es folgt nichts für das Verhältnis des Raumes zu den Erscheinungen, vielmehr bleibt es vollkommen unentschieden, ob 1) der Raum (A) die Bedingung der Möglichkeit der Erscheinung (B); oder 2) B die Bedingung der Möglichkeit des Raumes (A) ist, oder ob schliesslich 3) A und B einen gemeinsamen Grund ihrer Möglichkeit in einem Dritten (C) haben. Indessen gerade die zwei zuletzt angeführten Fälle werden durch das Kantische Argument als unmöglich dargethan. Denn, wenn die Erscheinungen die Bedingungen des Raumes wären, oder beide eine dritte gemeinsame Bedingung C hätten, so wäre nicht einzusehen, wie der Raum ganz unverändert bleiben könnte, wenn auch die Erscheinungen wechseln oder gar verschwinden. Was ferner Maass unter I S (28) sagt, deckt sich mit dem von uns schon besprochenen Einwand gegen das erste Argument; und das von ihm unter II Gesagte kann nur die Notwendigkeit der Raumvorstellung darlegen[1]).

Gegen das dritte Argument, das sich auf die Notwendigkeit der Sätze der Geometrie stützt, erhebt Maass folgende Bedenken: a) „Die Geometrie stützt keinen einzigen ihrer Grundsätze auf die Vorstellung des Raumes, insofern sie notwendig ist, d. i. insofern wir uns den Raum nicht wegdenken können; es gilt ihr völlig gleich, ob der Raum existiert oder nicht. Sie nimmt den Raum, sofern er vorgestellt wird, und setzt seine Bestimmungen fest." Inwiefern hierdurch etwas gegen Kant ausgemacht sein soll, bleibt mir völlig unklar. Freilich nimmt der Mathematiker den Raum, sofern er vorgestellt wird, und setzt seine Bestimmungen fest. Um so merkwürdiger, dass seine Sätze denknotwendig sind. Wäre der Raum zufällig, so müssten auch

---

1) Maass wiederholt seine Einwände in der Entgegnung auf den Verteidigungsaufsatz Rehbergs; dieser zweite Aufsatz von Maass steht im Ph. M., Bd. II, St. 1, S. 33—34 ff.

seine Bestimmungen zufällig erscheinen. Unter b) bringt dann Maass folgenden Einwurf vor: „wenn A (der Raum) eine notwendige Vorstellung ist, so haben deswegen seine Bestimmungen b c d noch keine apodiktische Gewissheit; denn sonst müsste die Vorstellung der Bestimmungen b c d mit der Vorstellung von A, blos sofern es da ist, oder mit der blosen Vorstellung der Existenz des A notwendig verbunden sein. Dies ist aber unmöglich; denn die blose Vorstellung von Existenz ist durchaus ungewiss." Aber nach Kant soll sich die apodiktische Gewissheit der geometrischen Sätze gar nicht aus der blosen Vorstellung der Existenz des Raumes, sondern vielmehr aus der notwendigen Anschauung des Raumes ergeben. Die Vorstellung der Existenz ist freilich ganz unbestimmt, aber die Anschauung des Raumes ist vollkommen bestimmt. S. 131 unten fährt dann Maass fort: „Gesetzt aber, die apodiktische Gewissheit der geometrischen Grundsätze hinge von der Notwendigkeit der Vorstellung des Raumes ab, so folgt weiter nichts, als dass die gedachte Notwendigkeit gegeben sein müsse; ihr Grund aber, ob sie a priori oder a posteriori müsse entstanden sein, ist ganz unbestimmt." Wir erwidern: Erkenntnisse a posteriori führen niemals Notwendigkeit mit sich. Diesen Satz freilich bestreitet Maass, indem er sagt: „Wer mit mir an der Richtigkeit der (Kantischen Beweise) St. I und II zweifelte, und dabei die ersten mathematischen Grundsätze für Wahrnehmungen hielte, der würde das vorliegende Argument für einen bittweise angenommenen Satz ansehen und behaupten: die mathematischen Grundsätze seien ein Beweis, dass man auch aus der Wahrnehmung etwas apodiktisch gewisses schöpfen könne." Allein, da wir die Einwände von Maass gegen die ersten zwei Argumente Kants nicht stichhaltig fanden, so ist auch dieser letztere Zweifel unberechtigt.

Bei Gelegenheit der Besprechung des IV. Kantischen Beweises, glaubt Maass zeigen zu können, dass nach Kants eigener Lehre eine reine Anschauung a priori ein Unding sei. Hierzu beruft sich Maass auf zwei Stellen der Kr. d. r. V., S. 48 u. 136. Er sagt: Kant lehrt einerseits, dass eine Anschauung nur möglich ist, sofern uns der Gegenstand gegeben wird; andrerseits kann eine Anschauung nur a priori sein (nach S. 136), wenn sie schlechterdings nicht vom Objekt hergenommen wird. Thatsächlich steht nun bei Kant weder in der einen noch der anderen zitierten Stelle, dass „jeder" Anschauung ein Gegenstand in der Empfindung gegeben werden müsse. Sondern Kant unterscheidet gerade die empirische Anschauung und die reine wie folgt S. 48: „Diejenige Anschauung, welche sich auf den Gegenstand durch Empfindung bezieht, heisst empirisch", S. 49: „Ich nenne alle Vorstellungen rein (im transscendentalen Verstande), in denen nichts, was zur Empfindung gehört, angetroffen wird." Also liegt ein Widerspruch hier gar nicht vor.

Die unter 2) und 3) von Maass erhobenen Bedenken, dürfen wir übergehen, da sie schon durch unsere Besprechung des IV. Argumentes genügend aufgeklärt sind. Nur noch auf das, was S. 137 unten und S. 138 vorgebracht wird, wollen wir kurz eingehen. Auch hier glaubt Maass einen Widerspruch in den Aeusserungen Kants zu finden; denn in dem IV. Argument behaupte Kant, dass die Teile des Raumes nicht vor dem einzigen, allbefassenden Raume, gleichsam als dessen Bestandteile (daraus seine Zusammensetzung möglich sei) vorhergehen, sondern nur in ihm gedacht werden können. Dagegen in dem Abschnitt „Von den Axiomen der Anschauung" S. 159—160 lehre Kant selbst, dass bei der Vorstellung einer extensiven Grösse, sofern wir uns derselben bewusst werden, die Vorstellung der Teile notwendig voraufgehen müsse. Aber dieser scheinbare Widerspruch löst sich sehr leicht. Denn nach Kant ist zwar das

Gesetz der anschauenden Thätigkeit a priori (und also vor den Teilen des Raumes) gegeben; aber die Anschauung selbst des Raumes und der Zeit sind gar nicht ohne Synthesis möglich. Vergl. Kr. d. r. V., I. Aufl., S. 102.

Auch hinsichtlich dessen, was Maass über das V. und letzte Raumargument sagt, brauchen wir nur auf unsere Erörterungen desselben auf S. 12 ff. zu verweisen. Hinsichtlich der Zeit bringt Maass (ausser der Bemerkung, dass das gegen die Raumargumente Gesagte, auch gegen die Zeitargumente gelten soll) noch zwei Einwürfe. Der erste davon deckt sich mit dem von Tiedemann, Theätet, S. 52 ff., erhobenen, und wir verweisen deshalb auf unsere Entgegnung S. 30. Zweitens tadelt Maass den Ausdruck Kants, die Zeit sei die Form des inneren Sinnes. Aber die Zeit heisst bei Kant auch „die Form aller unserer Erfahrung", und dieser Ausdruck ist allerdings genauer[1]). Und die übrigen Erörterungen, die Maass noch giebt, gelten alle nur unter der Bedingung, dass seine vorgebrachten Einwände gegen Kant stichhaltig sind, was wir als nicht zutreffend bewiesen haben. Folglich können wir das Weitere, was noch bei Maass zu finden ist, übergehen.

Was Eberhard selbst inbezug auf unser spezielles Thema im I. Bd. des Ph. M. vorbringt, ist etwa das Folgende[2]): Sehr zu Unrecht hat Kant die objektive Gültigkeit des Satzes vom Grund bestritten. Vielmehr kann seine Gültigkeit streng bewiesen werden. (Eberhard hat diesen Beweis versucht, Ph. M., Bd. I, S. 163 ff.; die Unzulänglichkeit des Beweises ist von Kant selbst dargethan worden in seiner Streitschrift gegen Eberhard, Abschn. A.) Wenn aber der Satz vom zureichenden Grund objektive Gültigkeit hat „so erhebt sich nun der Verstand (über die Sphäre der Sinnlichkeit), indem er das unbildliche Einfache entdeckt, ohne welches das Bild

---

1) Vergl. Kr. d. r. V., S. 61.
2) Vergl. hierzu die Aufsätze Ph. M., Bd. I, S. 150 ff., S. 243 ff., u. a.

der Sinnlichkeit auch in Anschung der Zeit nicht möglich ist." Bd. I, S. 169. Geben wir nun einmal zu, dass die objektive Gültigkeit des Satzes vom Grunde bewiesen sei, so könnte doch Eberhard auch mit Hülfe dieses Satzes nichts weiter beweisen, als dass es überhaupt irgend welche objektiven Gründe für Raum und Zeit geben müsse; aber er könnte auch nicht das geringste über deren nähere Beschaffenheit ausmachen. Der Satz vom zureichenden Grund, oder besser das Causalitätsprinzip, sagt ja nur aus, dass allemal, wo in der Welt eine Veränderung oder eine Wirkung wahrgenommen wird, diese eine Ursache haben muss; aber über die Art dieser Ursache sagt es gar nichts aus. Folglich blieben also die objektiven Elemente von Raum und Zeit ihrem Wesen nach völlig unbekannt, selbst wenn ich ihr Dasein nach dem Causalitätsprinzip ergründen könnte. Im übrigen hat schon Kant selbst in seiner Streitschrift nachgewiesen, wie unsicher und schwankend Eberhard wird, wenn er sich über diese objektiven Gründe der subjektiven Bilder von Raum und Zeit näher zu äussern versucht [1]). Die Entgegnungen, die Eberhard auf die Kantische Streitschrift im Ph. M., III. Bd. gab, bringen nichts wesentlich Neues [2]). In einem Punkt hat er Kant ein Versehen nachgewiesen, welches aber von ihm und seinen Anhängern auch zum Ueberdruss ausgebeutet wird; es liegt dies nämlich in jener Stelle Abschn. I C der Streitschrift, wo Kant von wahren, erkennbaren Dingen als den objektiven Gründen von Raum und Zeit spricht.

Das Wichtigste, was über unser Problem im II. Bd. des Ph. M. zu finden ist, enthält der grosse Aufsatz von Eberhard, S. 53—92. Auch hier zeigt sich freilich gleich wieder jene Unklarheit über das, was wir eigentlich unter den (nach

---

1) Vergl. Vaihinger, Comm., Bd. II, S. 147 ff.
2) Vergl. S. 148—172, 212—216 u. s. f.

Eberhard) erkenntlichen Gründen von Raum und Zeit zu verstehen haben, indem dieselben bald als das Einfache in der Erscheinung, also als sinnlich, bald als intelligibel dargestellt werden. Einmal scheint es, als ob diese objektiven Gründe selbst nicht räumlich und zeitlich wären (S. 66 unten), dann wieder spricht Eberhard geradezu von einem intelligiblen Raum und einer intelligiblen Zeit (S. 67), u. s. w. Hiervon wollen wir nun ganz absehen; aber Eberhard giebt in seinem Aufsatz auch eine Kritik der Kantischen Beweise, und an diese wollen wir uns nunmehr halten. Auf S. 78 und 79 giebt Eberhard zwar die Richtigkeit des Satzes zu, dass der Raum allen äusseren Empfindungen zum Grunde liegt, „aber nun sind immer noch die beiden Fälle möglich, dass dieser (der Raum) vor ihnen (den Empfindungen), oder mit ihnen zugleich da sei." Dieser Einwand ist uns schon bei Maass begegnet und wir verweisen auf die Erörterungen S. 43.

Gegen die auf S. 80 erhobenen Bedenken ist zu sagen, dass Kant in seinem Satz „der Raum ist eine notwendige Vorstellung a priori" eben den Raum unserer Wahrnehmung gemeint hat, und dass ferner die Notwendigkeit des Raumes in dem Sinne zu verstehen ist, dass unsere menschliche Intelligenz an das Gesetz der räumlichen Anschauung notwendig gebunden ist. Ferner sucht nun Eberhard in längerer Ausführung darzuthun, dass die apodiktische Gewissheit der geometrischen Axiome nicht auf der Anschaulichkeit des Raumes beruhe. Hier wollen wir denn seine Gegengründe hören. Sein erster Beweis (S. 82 ff.) stützt sich auf die Zufälligkeit und Veränderlichkeit der subjektiven Gründe der Bilder des Raumes und der Zeit. Wie könnten die Sätze der Geometrie absolute Notwendigkeit und apodiktische Gewissheit mit sich führen, wenn sie von den Schranken unserer subjektiven Vorstellungskraft bedingt wären? Alles Subjektive ist Veränderlich und zufällig. — Nach allem früher Gesagten ist der Irrtum, der diesem Gedankengang innewohnt, leicht einzusehen. Die Notwendigkeit und apodiktische Gewissheit der geometrischen Axiome ist nach Kant nicht anders zu verstehen, als dass jede menschliche Intelligenz dieselben als notwendig anerkennen muss; aber eine absolute Gültigkeit dieser Axiome, so also, dass sie auch ohne jegliche Intelligenz, welche sie denkt, an und für sich bestünden, ist von Kant nie behauptet worden. Vielmehr sagt Kant ausdrücklich Kr. d. r. V., S. 55: „denn wir können von den Anschauungen anderer denkender Wesen gar nicht urteilen, ob sie an die nämlichen Bedingungen gebunden seien, welche unsere Auffassung einschränken und für uns allgemein gültig sind." S. 84 ff. bringt Eberhard seinen zweiten Gegenbeweis, der die Unmöglichkeit der reinen Anschauung a priori darthun soll. Richtig bemerkt hier Eberhard, dass man beim Raum zweierlei unterscheiden müsse, nämlich 1. seinen bildlichen Begriff (besser: seine Anschauung), 2. seinen unbildlichen Begriff (welcher aber Einzelbegriff ist, nicht Allgemeinbegriff). Wir haben uns über diesen Punkt schon bei Besprechung der Kantischen Argumente geäussert und können deshalb hier stillschweigend darüber hinweggehen. Richtig ist es auch ferner, wenn Eberhard sagt, dass der bildliche Begriff, d. h. die Anschauung, vom Raum, wie ihn uns die Wahrnehmung giebt, nicht unendlich ist und vielmehr nur der unbildliche Begriff die Unendlichkeit notwendig mit sich führt (wie wir schon früher ausführten). Natürlich ist dieser Begriff nicht wieder selbst Anschauung, und folglich verhalten sich auch, wie Eberhard (S. 86 oben) ganz richtig sagt, „die Bilder des Raumes (soll wohl heissen: die einzelnen Räume) zu dem allgemeinen (müsste heissen: Einzel-) Begriff desselben nicht wie die Teile zu ihrem Ganzen." Bleibt aber bestehen: dass sich die einzelnen, anschaulichen Räume zum anschaulichen Raum verhalten, wie Teile zu ihrem Ganzen.

Dies gilt auch gegen das von Eberhard unter 3. Gesagte: Indem aber Eberhard selbst von einem „bildlichen" Begriff des Raumes spricht, giebt er ja zu, dass der Raum seinem Wesen nach Anschauung und nicht Begriff ist; denn, was sollte sonst der Ausdruck: „bildlicher Begriff" bedeuten? — Wenn übrigens wirklich das Axiom „zwei Linien, die mit einer dritten zwei Winkel machen, die kleiner sind als 2 R, wenn sie ins Unendliche fortgezogen werden, durchschneiden sich von der Seite, wo die kleineren Winkel sind" dem anderen „zwischen zwei Punkten ist nicht mehr als eine gerade Linie möglich" an Evidenz nachsteht, so giebt ja Eberhard selbst den Grund hierfür so an, dass man sich das zweite sehr wohl in der Einbildungskraft vorstellen könne, nicht aber das andere. Schon im I. Bd. des Ph. M. hatte Eberhard die Lehre Kants von den analytischen und synthetischen Urteilen angegriffen, ohne die Kantische Einteilung indessen richtig verstanden zu haben. Er nimmt seine Untersuchungen hierüber in einem Aufsatz des Bd. II, St. 2, betitelt: „Ueber die apodiktische Gewissheit," wieder auf. Dass folgender Satz, der als dem Sinne nach kantisch von Eberhard ausgegeben wird, in Wirklichkeit unkantisch ist, ist leicht zu sehen [1]: „Alle apodiktisch gewisse synthetischen Urteile sind Urteile a priori; um aber apodiktisch gewiss zu sein, müssen sie Bedingungen möglicher Erfahrung enthalten, d. i. **ihre Gegenstände müssen empfunden werden.**" Nun erscheinen aber die synthetischen Urteile a priori bei Kant gerade als gänzlich unabhängig von aller Erfahrung, also auch von aller Empfindung; denn wenn sie auch gleich die Bedingungen aller Erfahrung enthalten, so müssen sie doch selbst deswegen nicht erfahren werden, also auch müssen ihre Gegenstände nicht empfunden werden. Man hat freilich leicht die Lehre seines Gegners zu be-

---

[1] Vergl. Ph. M., Bd. II, St. 2., S. 133.

kämpfen, wenn man sie erst in dieser Weise verdreht. Wir wollen uns deswegen auch nicht weiter mit der Kritik beschäftigen, die Eberhard der Kantischen Lehre von den analystischen und synthetischen Urteilen angedeihen lässt, und vielmehr zusehen, was er sonst noch gegen Kant zu sagen weiss. Auf S. 160 wird die Lehre Kants, dass die apodiktische Gewissheit der geometrischen Axiome auf der reinen Anschauung des Raumes beruhe, folgendermassen von Eberhard angefochten: 1) „Die Sinne und die Einbildungskraft stellen uns nur einzelne Bilder vor; ein jeder Versuch aber mit irgend einem solchen Bilde würde doch nur aussagen, dass das Prädikat diesem einzelnen Subjekte zukomme." Das wäre richtig, wenn es sich bei den geometrischen Axiomen um empirische Gegenstände, also etwa um ein objektiv existierendes Dreieck handelte. Aber es sind die Gesetze der räumlichen Anschauung überhaupt, welche festgestellt werden; wenn ich mir z. B. an einem beliebigen Dreieck in der Anschauung den Satz von der Winkelsumme klar mache, so geschieht das eben mit dem Bewusstsein, dass über die Besonderheit dieses Dreiecks gar keine Voraussetzungen gemacht sind als solche, die in der synthetischen Definition des Dreiecks enthalten sind. 2) Wendet Eberhard ein, „dass kein solches einzelnes Bild, weder für die Sinne, noch für die Einbildungskraft, weder in der Natur, noch in der Kunst die Präcision habe — wenigstens sind wir nicht gewiss, ob es sie hat — dass wir die in chaft, die das Prädikat enthält, notwendig an ihm anschauen müssen." (S. 161). Darauf ist zu entgegnen, dass es gerade unsere Einbildungskraft ist, welche die Figuren in der Anschauung idealisiert. Als dritten Gegenbeweis finden wir dann hier bei Eberhard eine Behauptung, die zum mindesten ihrer Wahrheit nach zweifelhaft genannt werden muss. Eberhard sagt nämlich: „Keine wirkliche Linie, wir mögen sie zeichnen oder blos durch die Einbildungskraft vorstellen, ist eine vollkommene Linie, d. h. eine blose Länge ohne Breite, so wie keine gerade Linie eine völlig gerade, wenigstens wissen wir es nicht;" wenigstens der erste Teil der Behauptung kann bestritten werden. Aehnlich hat in neuester Zeit auch J. St. Mill geurteilt[1]). Mit Recht sagt aber dagegen Sigwart (Logik II, S. 68 Anm.): „Wo soll die Breite der Linie sein, in der sich das Meer vom Himmel, oder die Kante eines Hauses vom Hintergrunde abhebt?" Und gegen den zweiten Teil der Eberhard'schen Aussage haben wir schon oben eingewendet, dass wir die Figuren in der Einbildung idealisieren. Wie also die Kantische Theorie geeignet ist, auch jene Hume'schen Zweifel an der Mathematik zu lösen, (auf welche sich hier Eberhard beruft), ergiebt sich nach allem Gesagten von selbst. Viel glücklicher ist Eberhard in seiner Polemik, wo es sich um die Anschauung der Zeit und die Arithmetik handelt. Da wir unsere Ansicht über diesen Punkt, welche nicht mit Kant übereinstimmt, schon auseinandergesetzt haben, wollen wir hier nicht noch einmal darauf eingehen. (Uebrigens hat der ganze Eberhard'sche Angriff eine treffende Erwiderung gefunden in der Rezension von Joh. Schultz in der Allg. Lit. Zeit. 1790, Nr. 281—284, an welcher Rezension Kant selbst beteiligt war. Hier wird auch nachgewiesen, dass Kästner in seiner Abhandlung: „Was heisst in Euklids Geometrie möglich?" Ph. M., Bd. II, S. 391 und den zwei folgenden Abhandlungen im Wesentlichen mit Kant übereinstimmt.)

Aus der grossen Zahl von Abhandlungen im Ph. M., die sich mit der Lehre Kants beschäftigen, wollen wir zum Schluss nur noch die eine herausgreifen Bd. IV, S. 225 ff., welche von Schwab herrührt und sich mit der Frage beschäftigt: „Ist Herr Kant in seiner Streitschrift gegen Herrn Eberhard seinem in der Kr. d. r. V. aufgestellten Begriffe

---

1) Vergl. J. St. Mill, Logik I, Buch 2, Cap. 5, § 1.

vom Raume getreu geblieben?" Behauptet doch noch Vaihinger, dass Kant in seiner letzten Entgegnung Mehreres so anders ausgedrückt habe, dass diese Modifikationen als Zugeständnisse oder als Inkonsequenzen erscheinen mussten[1]; während wir in der Streitschrift gegen Eberhard nur eine Ergänzung seiner früheren Lehre finden können. — Nach Schwab soll ein Widerspruch bestehen zwischen den Lehren der tr. Aesthetik in der Kr. d. r. V. einerseits und gewissen Sätzen der Streitschrift andererseits. Schwab führt aus: In der Kr. d. r. V. wird vom Raum gesagt, er sei kein empirischer, von äusseren Erfahrungen abgezogener, auch kein discurisiver, allgemeiner Begriff, sondern eine reine Anschauung a priori, die die Form aller äusseren Anschauungen ist; auch wird der Raum als eine unendliche Grösse gegeben vorgestellt. Dagegen in der Streitschrift heisst es S. 70: „Der erste formale Grund der Möglichkeit einer Raumesanschauung ist allen angeboren, nicht die Raumvorstellung selbst. Denn es bedarf immer Eindrücke, um das Erkenntnisvermögen zuerst zu der Vorstellung eines Objektes (die jederzeit eine eigene Handlung ist) zu bestimmen. So entspringt die formale Anschauung, die man Raum nennt, als ursprünglich erworbene Vorstellung, (der Form der äusseren Gegenstände überhaupt) deren Grund gleichwohl (als blosse Rezeptivität) angeboren ist, und deren Erwerbung lange vor dem bestimmten Begriffe von Dingen, die dieser Form gemäss sind, vorhergeht". Schwab findet nun hauptsächlich einen Widerspruch darin, dass Kant den Raum einerseits eine reine Anschauung nennt, die doch, nach seiner eigenen Erklärung, nichts enthalten darf, was zur Empfindung gehört (Kr. d. r. V., S. 49); dagegen doch in der zitierten Stelle der Streitschrift ausdrücklich gesagt ist, dass es immer gewisser Eindrücke bedarf, um das Erkennt-

---

[1] Vergl. Comm., Bd. II, S. 540.

nisvermögen zur Vorstellung des Raumes zu bestimmen. Nun herrscht hier aber in Wirklichkeit volle Uebereinstimmung zwischen der Kr. d. r. V. und der Streitschrift. Nach Kr. d. r. V., S. 49 oben ist die Form der Erscheinung dasjenige, welches macht, dass das Mannigfaltige der Erscheinung in gewissen Verhältnissen geordnet, angeschaut wird. Dazu muss aber doch erst das Mannigfaltige gegeben sein. Noch deutlicher wohl ist eine Stelle der Dissertation, welche den konstatierten scheinbaren Widerspruch gänzlich aufhebt; wir wollen sie deshalb wörtlich hierhinsetzen[1]): „Verum conceptus uterque (spatium et tempus) procul dubio aquisitus est, non a sensu quidem objectorum (sensatio enim materiam dat, non formam cognitionis humanae) abstractus, sed ab ipsa mentis actione secundum perpetuas leges sensa sua coordinante, quasi typus immutabilis, ideoque intuitue cognoscendus. Sensationes enim excitant hunc mentis actum, non influunt intuitum, neque aliud hic connatum est, nisi lex animi, secundum quam certa ratione sensa sua e praesentia obiecti conjungit"[2]). Es ist also wohl keine willkürliche, sondern eine ganz natürliche und durch die Sache selbst gebotene Auslegung, wenn man unter dem Ausdruck Kants in der Streitschrift „der erste formale Grund einer Raumesanschauung" eben jenes „Gesetz des Geistes" versteht, von dem die Dissertation spricht. Ich kann also hier überhaupt keinen Widerspruch sehen. Das einzige Versehen, auf das wir schon aufmerksam machten, liegt in jener Stelle, wo Kant von erkennbaren Dingen an sich spricht. Damit wollen wir unsere Besprechung der Eberhard'schen Streitigkeiten abschliessen.

Ein Werk, welches noch zu Lebzeiten Kants entstanden

---

1) Vergl. § 15, Schluss des Corrolarii.
2) Vergl. hierzu auch die Einleitung zur 2. Aufl. der Kr. d. r. V., S. 1: „Wenn aber gleich alle unsere Erkenntnis mit der Erfahrung anhebt …"

ist und sich auch die Bekämpfung der Kantischen Lehre zur Aufgabe gemacht hat, wollen wir um der Bedeutung seines Autors, nicht um der Bedeutung seines Inhalts willen, wenigstens hier noch erwähnen. Es ist dies die in ihren wesentlichsten Grundzügen gänzlich verfehlte Herder'sche „Metakritik zur Kritik der reinen Vernunft", 1799. Es hiesse Eulen nach Athen tragen, wollten wir uns auf die Widerlegung des Werkes einlassen, denn dasselbe hat, speziell was unser Problem angeht, schon eine vortreffliche Entgegnung gefunden in J. G. C. Kiesewetters „Prüfung der Herder'schen Metakritik zur Kritik der reinen Vernunft", Berlin 1799. Kiesewetter deckt hier in klarer und scharfer Weise das Nest von Irrtümern, Missverständnissen und Fehlern auf, die sich in Herders Metakritik finden.

Indem wir uns der Einteilung Vaihingers anschliessen, welcher die zweite Periode der Kantlitteratur von 1804 bis 1860 datiert, gehen wir nunmehr zu den Schriftstellern über, die nach Kants Tode über unseren Gegenstand geschrieben haben. Hier müssen wir denn Fries an die Spitze stellen, den grossen Schüler und Fortbildner der Kantischen Lehre. Auch Fries hat jene angebliche Lücke im Kantischen System gefunden. In der Vorrede zum Bd. I der 2. Aufl. der „Neuen Kritik der Vernunft", S. XXIV, sagt er: „Woher wissen wir denn, ob nicht irgend eine dritte höhere Ursache möglich sei, welche die Uebereinstimmung zwischen der Vorstellung und ihrem Gegenstand bestimmt, indem sie beide möglich macht?" Wir gehen nicht mehr weiter hierauf ein. Verkehrt ist es aber, wenn Fries die beiden Formen des Raumes und der Zeit durch empirische Induktion, durch Selbstbeobachtung gewinnen will, da sie ja hierzu vielmehr vorausgesetzt sind, indem sie alle und jede Erfahrung erst möglich machen[1]). Im übrigen aber

---

1) Vergl. hierzu Liebmann „Kant", S. 140 ff.

können seine Erläuterungen über Raum und Zeit nur zur Befestigung der Kantischen Lehre dienen. Dasselbe gilt von seinem Schüler Apelt, dessen „Metaphysik" im § 18 ff. schöne Erläuterungen bezüglich unseres Themas bringt. Erwähnt sei noch, dass auch Apelt die Unendlichkeit des Raumes und der Zeit zum Beweis ihrer Apriorität benutzt[1]). Wenig ergiebig sind in Hinsicht auf unser Problem die Schriften des grossen Dreigestirns: Fichte-Schelling-Hegel. Dieselben haben entweder, indem sie die Kantische Lehre von Raum und Zeit annahmen, dieselbe doch falsch begründet und aufgefasst; oder sie haben sie (ohne eine wirkliche Widerlegung der Kantischen Beweise zu versuchen) umgangen. Wir werden uns daher nicht lange bei ihnen aufzuhalten brauchen. Was zunächst Fichte angeht, so deduziert er Raum und Zeit (die freilich auch für ihn Anschauungsformen a priori sind) aus dem unräumlichen, unzeitlichen absoluten „Ich". Es wird also hier das eigentliche Resultat der tr. Aesthetik ganz vernachlässigt, welches darin besteht, dass Raum und Zeit als notwendige Bedingungen aller Erkenntnis nachgewiesen werden[2]). Woher will Fichte von jenem sich selbst setzenden „Ich" und seinen Thathandlungen etwas wissen, wenn er es weder im Raum noch in der Zeit wahrnimmt? Auch Schelling, der Begründer der Identitätsphilosophie, begeht denselben Fehler, indem er über das absolute Ich, oder das Absolute schlechthin, spekuliert, ohne auf Raum und Zeit Rücksicht zu nehmen. Eingehendere Betrachtungen über das Wesen von Raum und Zeit finden wir bei Hegel[3]). Aber aus den räthselhaften

---

1) Vergl. Apelt, Metaphysik, S. 84 u. S. 90.
2) Vergl. Liebmann, Kant, S. 71 ff.
3) Vergl. hierzu die Schrift „Hegels Ansicht über die Apriorität von Raum und Zeit und die Kantischen Kategorien" von Dr. M. Rackwitz, 1891. Hierin bemüht sich der Verfasser nachzuweisen, dass Raum und Zeit bei Hegel im Absoluten identisch sind.

Orakelsprüchen **Hegels** ist seine wahre Meinung nur schwer zu erkennen, und jedenfalls hat auch er nirgends eine Widerlegung der Kantischen Theorie versucht.

Wichtiger sind für uns die Untersuchungen **Herbarts** über Raum und Zeit. Zwar was seinen Versuch einer Konstruktion der starren Linie und des Raumes angeht, so ist derselbe schon von **Trendelenburg** einer scharfen und treffenden Kritik unterzogen worden, daraus die Unmöglichkeit des **Herbart**'schen Unternehmens auf's deutlichste erhellt[1]. Wir wollen uns daher hier darauf beschränken, die kritischen Einwände zu betrachten, welche **Herbart** gegen die Kantische tr. Aesthetik vorbringt. Da ist denn zunächst jener von uns schon früher erwähnte Einwurf zu nennen, welcher sich gegen das erste Raumargument richtet. **Herbart** behauptet, die Kantische Theorie sei nicht im stande zu erklären, woher die jeweilige Gestalt der Gegenstände unserer äusseren Anschauung rühre[2]. So heisst es an der unten zitierten Stelle seiner Werke „Auf die Frage: woher die Form? versuchte Kant zu antworten. Zwar die Antwort: aus dem Gemüte, ist vergeblich; denn aus ihm käme alle Form zu allem Gegebenen, die Frage aber ist nach dieser oder jener bestimmten Form für dies und das gegebene; also: warum hier ein Viereck, da eine Rundung?" Wir antworteten schon früher, dass freilich das Subjekt genötigt wird, gerade diese oder jene Gestalt zu sehen, und dass es ihm nicht freisteht, die Ereignisse in einer beliebigen Reihenfolge wahrzunehmen. Die tägliche Erfahrung lehrt, dass hier die Willkür des Subjekts aufhört. Aber wir sahen ja schon, wie Kant selbst objektive Gründe unserer An-

---

[1] Vergl. **Trendelenburg** Log. Untersuchungen, 3. Aufl., S. 175 ff. des I. Bds. Ferner die Aufsätze 3 und 4 in den Histor. Beiträgen zur Philosophie, Bd. III, 1867.

[2] Vergl. **Herbarts** S. W. III., S. 12, sowie auch Einleitung, § 150, 2.

schauung in Raum und Zeit annahm; diese müssen eben das für jeden einzelnen Fall bestimmende mit sich führen. Diese Nötigung mag immer vom Objekt ausgehen, so ist die Anordnung in Raum und Zeit doch eine That des anschauenden Subjektes[1]). Jedenfalls hat es aber keinen Sinn, wenn man auf diese Bestimmungsgründe wieder räumlich-zeitliche Prädikate anwendet.

Auch gegen das zweite Raumargument hat Herbart einen Einwand vorgebracht, den er z. B. S. W. III, S. 30 so ausspricht: „Spreche man nicht von einem absoluten Raume, als Voraussetzung aller geometrischen Konstruktionen! — Möglichkeit ist nichts als Gedanke, und sie entsteht dann, wann sie gedacht wird; der Raum aber ist nicht als Möglichkeit, denn er enthält nichts, als die hinterher, nach vollzogenen Konstruktionen, aus ihr abstrahierte allgemeine Möglichkeit solcher Konstruktionen. — Die Notwendigkeit der Vorstellung des Raumes hätte nie in der Philosophie eine Rolle spielen sollen. Den Raum wegdenken, heisst die Möglichkeit des zuvor als wirklich Gesetzten wegdenken; es versteht sich, dass das unmöglich, und das Gegenteil notwendig ist." Demgegenüber hatte Liebmann („Kant," S. 21) gesagt: „Hierauf ist zu erwidern: 1. Dass wir die Bedingungen der Möglichkeit eines von uns als wirklich erkannten für notwendig erklären, lehrt uns nicht die Erfahrung, sondern wir fordern es nach subjektiven Denkgesetzen. 2. Nicht deshalb allein sind Raum und Zeit notwendige Vorstellungen, weil ohne sie die Körperwelt unmöglich wäre, sondern vor allen Dingen deshalb, weil ohne sie unsere eigene Intelligenz, das Subjekt der Erkenntnis, mein eigenes Ich, unmöglich wäre. Wir können ohne Raum und Zeit nicht nur Nichts, sondern auch nicht vorstellen; sie sind fortwährend in aller

---

1) Vergl. Lotze: Metaphysik, S. 202. Liebmann: Obj. Anblick, S. 153.

geistigen Thätigkeit gegenwärtig u. s. w. Kurz, wenn man die Kantische Beweisführung einmal in die Form eines Syllogismus drängen will, so würde derselbe so lauten: Alles, was ich mir aus dem Subjekt der Erkenntnis nicht wegdenken kann, ohne zugleich dieses Subjekt selbst zu vernichten, ist ihm wesentlich, d. i. a priori. Raum und Zeit kann ich mir aus dem Subjekt der Erkenntnis nicht hinwegdenken, ohne dieses zugleich selbst zu vernichten. Also u. s. w." Nun meint aber Vaihinger[1]), diese Entgegnung sei (wenigstens sachlich) deswegen nicht durchschlagend, weil Herbarts Einwand vielmehr besagen wolle, als in der Entgegnung berücksichtigt sei. „Herbarts Einwand richtet sich," sagt Vaihinger, „gegen die Meinung, die Nichthinwegdenkbarkeit des Raumes könne man als Merkmal der Apriorität gebrauchen: Denn die empirisch entstandene Notwendigkeit der Nichthinwegdenkbarkeit habe mit der nichtempirischen Notwendigkeit des (prätendierten) echten Apriori nichts zu thun." Hierin habe nun, meint Vaihinger, Herbart jedenfalls sachlich recht, „von dem Boden der wissenschaftlichen Psychologie aus" wenigstens könne man nicht anders urteilen. Dagegen möchten wir denn freilich fragen, wo es denn der wissenschaftlichen Psychologie gelungen ist, die Entstehung einer subjektiven Notwendigkeit (sei es einer intuitiven oder logischen) rein empirisch zu erklären? Vielmehr müssen wir behaupten, dass hier der Kantische Satz vollkommen zu Recht bestehen bleibt, dass die Erfahrung immer nur lehren kann, dass etwas ist oder geschieht, nicht aber, dass etwas sein oder geschehen muss[2]).

Auch Herbart tadelt die Lehre von der ausschliesslichen Idealität des Raumes und der Zeit als eine „unkritische Uebereilung"; mit welchem Recht, mögen unsere früheren

---

1) Vergl. Comm., Bd. II, S. 200.
2) Vergl. hierzu auch Liebmann, Gedanken und Thatsachen, Heft 1.

Untersuchungen lehren. Schliesslich hat Herbart die tr. Aesthetik auch deshalb verwerfen zu müssen geglaubt, weil Kant von der falschen psychologischen Lehre von der Vielheit der Seelenvermögen ausging [1]). Hiervon wird nun die Kantische Theorie ganz und gar nicht getroffen. Denn, mag man immerhin eine unbedingte Einheit des gesammten geistigen Lebens des Menschen annehmen, so muss man doch wenigstens verschiedene Thätigkeitsäusserungen des geistigen Subjekts zugeben. Mag es also auch im grunde dasselbe sein, was sich bald als sinnliche Anschauung, bald als reflektierender Verstand bethätigt, so bleibt eben doch der Unterschied zwischen Verstand und Anschauungsvermögen bestehen, in dem Sinne also, dass wir es hier mit zwei verschiedenen Aeusserungen zu thun haben; und so wären denn eben Raum und Zeit die Gesetze, an die das geistige Subjekt beim Erkennen gebunden ist. Hiermit glauben wir das Wichtigste, was Herbart der Kantischen Lehre entgegenstellt, berücksichtigt zu haben.

Mit Entschiedenheit bekämpft auch Ueberweg die Theorie Kants inbezug auf Raum und Zeit. Wir wollen auch seine Gegengründe kurz hören und erörtern. Gegen den Beweis Kants, der sich auf die apodiktische Gewissheit der geometrischen Axiome gründet, richten sich folgende Sätze Ueberwegs [2]): „Allerdings sind die geometrischen Sätze synthetisch. Aber die geometrischen Fundamentalsätze, z. B. dass der Raum drei Dimensionen hat, dass zwischen zwei Punkten nur eine gerade Linie möglich sei, haben assertorische Gewissheit, nicht apodiktische; der Geometer erkennt die Dreizahl der Dimensionen des Raumes nur als Thatsache und weiss keinen Grund anzugeben, warum es notwendig sei, dass derselbe gerade drei und nicht zwei

---

1) Vergl. Einleitung, § 150, 3 u. 4.
2) Vergl. Ueberweg: Grdr. d. Gesch. d. Ph., II. Aufl., III. Teil, S. 151.

oder vier Dimensionen habe; diese assertorische Gewissheit aber wird erlangt durch Abstraktion, Induktion und andere logische Operationen, die auf dem Grunde zahlreicher Erfahrungen über räumliche Verhältnisse ruhen." Deutlicher noch spricht sich Ueberweg über diesen Punkt aus in seiner Logik (V. Aufl., S. 431). Hier wird ausgeführt, dass sich die Gewissheit der synthetischen Sätze der Mathematik, insbesondere die Axiome der Geometrie, auf empirische Beobachtung und Induktion gründe. Was ihnen aber hierbei noch an absoluter und allgemeiner Gültigkeit fehle, das erhielten sie, indem die empirisch gewonnenen Gestalten hypothetisch idealisiert würden, welche Hypothesen dann wieder ihre wissenschaftliche Gewissheit durch Uebereinstimmung ihrer Konsequenzen erlangten. Wir entgegnen zunächst: die Behauptung, dass die Axiome der Geometrie nur assertorische Gewissheit besässen, ist unrichtig. Sie besitzen die grösste Gewissheit, deren eine Erkenntnis fähig ist; sie sind apodiktisch gewiss. Selbst der geübteste Geometer ist nicht imstande, zwischen zwei Punkten sich mehr als eine gerade Linie anschaulich vorzustellen: folglich besitzt das bezügliche Axiom die Notwendigkeit der Anschauung. Wenn es sich aber auch wirklich so verhielte, wie hier Ueberweg will, so schwebte die gesammte Geometrie beständig sozusagen in der Luft; denn es brauchte ja nur einmal die Erfahrung eine einzige Gegeninstanz zu liefern, so fiele das ganze Gebäude. Freilich wird das nie geschehen; die Erfahrung wird nie einen Satz liefern, der im Widerspruch mit den Axiomen der Geometrie stünde. Aber woher können wir das mit solcher Sicherheit behaupten? Oder ist die Behauptung vielleicht überhaupt unrichtig? — Nehmen wir denn also einmal an, wir fänden z. B. bei irgend einer Messung eines ebenen Dreiecks im Weltraum, dass dessen Winkelsumme grösser wäre als 2 R. Was würden wir daraus schliessen? Würden wir also etwa annehmen, dass der Satz von der Winkelsumme falsch sei? Wir würden vielmehr im Gegenteil erklären, dass entweder die Messung einen Fehler enthalte, oder die Ursache der auffälligen Erscheinung in der Brechung des Lichts oder dergleichen aufsuchen. Die empiristische Theorie ist hier also ganz unzulänglich.

Uebrigens würde die Kantische Theorie, ihre Richtigkeit vorausgesetzt, so meint Ueberweg dann weiter — die Notwendigkeit der Axiome gar nicht beweisen. Wir sind diesem Vorwurf schon früher begegnet und haben ihn zurückgewiesen. Weitere Gründe gegen die Kantische Lehre bringt Ueberweg Logik § 38. Ausser dem schon bekannten Einwand (woher stammen die bestimmten Formen der wahrgenommenen Gegenstände?) finden wir hier eine Berufung auf die Einsichten der Naturwissenschaften, welche uns überzeugen, dass Ton, Wärme und Farbe auf die Perception von Schwingungen der Luft und des Aethers, Geruch und Geschmack auf die Perception gewisser, mit chemischen Vorgängen verbundenen Bewegungen zurückzuführen sind, und eben hierdurch die Abhängigkeit des Wahrnehmungsinhaltes von Bewegungen, also von Veränderungen der räumlich zeitlichen Formen darthun. Halten wir uns nun z. B. an die Lehre der modernen Naturwissenschaften, wonach es die Wellenbewegungen der Luft sind, welche unsere Gehörempfindungen veranlassen. Was will aber diese Lehre anders sagen, als dass, wenn wir den objektiven Vorgang selbst, welcher unserer Gehörsempfindung vorangeht, wahrnehmen könnten, wir in demselben eine Wellenbewegung erkennen würden[1]). Denn den Begriff der Bewegung können wir durch keine logischen Schlüsse irgend welcher Art gewinnen, sondern, was Bewegung sei, erfahren wir lediglich und ganz allein durch sinnliche Wahrnehmung. Wir legen

---

[1]) Wie man ja denn auch thatsächlich schon imstande gewesen ist, die durch starke Schallbewegungen bewirkten optischen Dichteänderungen der Luft photographisch zu fixieren.

also unserer subjektiven Gehörempfindung als objektiven
Reiz einen Vorgang zu grunde, um dessen Natur wir doch
selbst wieder nur durch sinnliche Wahrnehmung wissen (sei
es nun Gesichts- oder Tastempfindung). Der Vorgang, den
wir bei der thatsächlichen Organisation unserer intuitiven
Intelligenz als Bewegung wahrnehmen, würde sicher eine
ganz andere Gestalt annehmen, wenn unsere Intelligenz z. B.
gezwungen wäre nach den Gesetzen eines vierdimensionalen
Raumes anzuschauen. Demnach würde sich dann auch unsere
ganze Optik, Akustik u. s. w. ganz anders gestalten. Wir
können also Ueberweg nicht Recht geben, wenn er durch
den Hinweis auf diese modernen Theorieen der Naturwissenschaft glaubt die tr. Aesthetik widerlegt zu haben. Das
Gesagte gilt auch gegen die Ausführungen Logik § 44. Auf
S. 114 glaubt Ueberweg aus der Thatsache der Gültigkeit
des Newtonischen Gravitationsgesetzes auf die objektive
Realität eines dreidimensionalen Raumes schliessen zu dürfen.
Man vergleiche hiergegen die Ausführungen Liebmanns,
Analysis, II. Aufl., S. 64 ff. Auch wird der Beweis Ueberwegs durch die einfache Thatsache entkräftet, dass bei der
Annahme eines blos zweidimensionalen Raumes unser Begriff
der Masse hinfällig wird. (Dies gilt auch für den von Böhmer
erhobenen Einwand, den Ueberweg anführt Logik S. 120.)
Wie es sich aber mit einer Intelligenz verhalten müsste, die
genötigt wäre vierdimensional anzuschauen, darüber können
wir gar nicht urteilen. Es berührt sich aber diese hier von
Ueberweg angeregte Frage mit dem sogenannten Problem
der angewandten Mathematik, auf welches etwas näher ein-
zugehen hier wohl der Ort ist. Wie kommt es, lautet die
Frage, dass sich das objektive Geschehen nach den subjektiven Gesetzen unserer Anschauungsformen richtet? Zur
Beantwortung dieser Frage ist nichts weiter nötig, als die
Annahme (ohne welche überhaupt keine Wissenschaft möglich
ist), dass es irgend eine gesetzmässige Relation zwischen

jenem Y, welches der Erscheinung zugrunde liegt, und jenem X, welches dem denkenden Subjekt zugrunde liegt, giebt. Diese Gesetzmässigkeit muss sich dann aber notwendig in den Formen äussern, an welche das Subjekt seiner eigenen Natur gemäss in aller Erkenntnis gebunden ist, d. h. in Raum und Zeit. Dabei bleibt freilich die Möglichkeit offen, dass es ungezählte transscendente Vorgänge in der Welt giebt, von denen wir, vermöge der Einrichtung unserer Sinnlichkeit, nie etwas erfahren. So verhält es sich ja thatsächlich mit den Schwingungen der Luft, welche zu schnell oder zu langsam sind, um von uns noch als Töne vernommen zu werden, und die wir daher nur als Bewegungsvorgänge wahrzunehmen imstande sind. K. E. v. Baer sagt in seiner Rede „Welche Auffassung der lebenden Natur ist die richtige? u. s. w." „Könnte es in der Natur nicht noch ganz andere Schwingungen geben, die zu schnell sind, um von uns als Schall empfunden zu werden, und zu langsam, um uns als Licht zu erscheinen?" Warum sollte es nicht auch noch transscendente Vorgänge geben, die wir aus dem Grunde nicht wahrnehmen, weil zu ihrer Perception eine ganz andere Form der Sinnlichkeit, etwa ein mehr als dreidimensionaler Raum, erforderlich wäre? Indessen, das sind ziemlich müssige Spekulationen; es genüge, festgestellt zu haben, dass die Kantische Theorie eine befriedigende Lösung auch für das Problem der angewandten Mathematik zu geben vermag.

In § 40 seiner Logik wendet sich Ueberweg gegen diejenigen psychologischen Transcendentalisten, welche von den Erscheinungen unserer inneren Wahrnehmung (also z. B. dem Schmerz, den ich empfinde, den Farbenempfindungen u. s. w.) nicht nur das Wesen und die Substanz der Seele und die inneren Bedingungen der einzelnen psychischen Vorgänge, auch nicht blos die veranlassende Affektion, sondern ausserdem noch ein „Ansich" eben desjenigen einzelnen Zustandes in mir unterscheiden, der mir als Schmerz, Farbenempfindung u. s. w. erscheint. Aber man kann auch ganz wohl diese Unterscheidung verwerfen, ohne die Lehre der Apriorität der Zeit aufzugeben, wie das Beispiel Lotzes beweist, der sich erst sehr spät zu der Ueberzeugung von der absoluten Realität der Sukzession wandte.

J. H. Fichte[1]) suchte die Kantische Lehre dadurch zu erweitern und zu verbessern, dass er sich bemühte den psychologischen Ursprung der Raum- und Zeit-Vorstellung aus einem uns von Natur innewohnenden Raumbild und Dauergefühl, was er auch „Das Objektive im Geist" nennt, nachzuweisen. So heisst es in dem untenzitierten Aufsatz, S. 87 von der Zeit wie folgt: „Mit dem ersten Akte des Bewusstseins durchläuft der Geist wechselnde Vorstellungszustände; aber als der selbst dauernde und dieser Dauer bewusste, verknüpft er jenen Wechsel zur stetigen Reihe eines Nacheinander (Zeitreihe); und so entsteht aus jenem unbestimmten Dauergefühl die (eigentliche) Zeitanschauung, in welche er Alles aufnehmen muss, was überhaupt von Empfundenen und Vorgestellten für ihn existiert, also auch die räumlichen Vorstellungen". Diese Ueberlegung scheint uns zu übersehen, dass wir ja ein Nacheinander, sei es nun von Vorstellungen oder Gefühlen, eben nur in der Zeit wahrnehmen können, so dass der Wechsel der Vorstellungen im Bewusstsein zwar die Veranlassung zur Entwicklung unseres Zeitbegriffes sein mag, während aber die Zeitform diesem Wechsel selbst zu Grunde liegt. Dasselbe gilt mutatis mutandis für das, was Fichte über die Entstehung der Raumvorstellung sagt.

Arthur Schopenhauer steht, was die tr. Aesthetik angeht, ganz auf dem Standpunkte Kants. Im zweiten Band seines Hauptwerkes „Die Welt als Wille und Vorstellung"

---

[1]) Vergl. Zeitschr. f. Philos. u. philos. Kritik, 1858, Neue Folge, Bd. XXXIII, S. 81 ff.: Ueber den psychologischen Ursprung der Raumesvorstellung.

versucht er S. 46 einen Beweis dafür zu erbringen, dass das Zählen, und somit die ganze Arithmetik, auf der Anschauung der Zeit beruhe. Was er aber thatsächlich beweist, ist nur, dass eben auch das Zählen, wie übrigens jede Erkenntnis überhaupt, nur in der Zeit möglich ist. Auf S. 47 in der Anmerkung heisst es sodann: „Wenn die Arithmetik nicht diese reine Anschauung der Zeit zur Grundlage hätte, so wäre sie keine Wissenschaft a priori, mithin ihre Sätze nicht von apodiktischer Gewissheit". Man kann aber der Zahl, und somit der Arithmetik, ihren apriorischen Ursprung auch bewahren ohne die Zeitanschauung zu Grunde zu legen, wie wir gezeigt haben. Ueber den Irrtum Schopenhauers: Raum und Zeit als Gehirnfunktionen zu bezeichnen, wollen wir kein Wort weiter verlieren [1]).

Indem wir nunmehr zu den Kant-Schriften der neuesten Periode übergehen, müssen wir uns (bei der fast unübersehbaren Masse derselben) noch grössere Beschränkung auferlegen als das schon bisher der Fall war.

Dies gilt insonderheit inbetreff des Trendelenburg-Fischer'schen Streites, welcher in dieser Periode eine so grosse Rolle gespielt hat. Wir haben ja unseren prinzipiellen Standpunkt zu der Hauptfrage, um welche es sich hier handelt, schon festgelegt. Wir brauchen uns nur an die Werke Trendelenburgs und Fischers selbst zu halten, und auch da können wir uns sehr kurz fassen. Trendelenburg hatte in seinen „Logischen Untersuchungen" (Bd. I, Abschn. über Raum und Zeit) Kant den Vorwurf gemacht, er habe zwar bewiesen, dass Raum und Zeit Anschauungsformen a priori seien, nicht aber die Unmöglichkeit der Behauptung dargethan, dass Raum und Zeit zugleich Anschauungsformen und Formen der Dinge an sich seien. Wir haben bereits nachgewiesen, dass dieser Vorwurf ungerecht ist.

---

1) Vergl. Liebmann, Kant, S. 157 ff.

Wir können daher auch **Vaihinger** nicht recht geben, wenn er (Comm., Bd. II, S. 140) sagt: „Also hat **Trendelenburg** sachlich recht". Die Verteidigung **Kuno Fischers** aber war unglücklich[1]), denn es musste auch nach dieser Verteidigung den Anschein behalten, als ob Kant die ausschliessliche Subjektivität von Raum und Zeit nur auf ihre Apriorität gestützt hätte. Dann freilich wäre **Trendelenburgs** Sache gewonnen. Aber das verhält sich nicht so, wie wir früher schon zeigten. Wenn sich ferner K. **Fischer** auf die Antinomienlehre berief, so war es **Trendelenburg** leicht dagegen zu beweisen: 1) Die behandelten Antinomien sind keine Antinomien; 2) wenn sie es wären, so wären sie nicht dadurch gelöst, dass Raum und Zeit nur subjektiver Art sind[2]). Wir haben deshalb auch die Antinomien nirgends zur Begründung der Kantischen Lehre herangezogen. Es erübrigt jetzt nur noch, jene anderen Bedenken zu erwägen, welche **Trendelenburg** in seinen „Logischen Untersuchungen" ausspricht. Auf S. 161 finden wir folgende Sätze: „Wenn die Sicherheit der Geometrie auf dieser Stütze (nämlich der Anschauungsform a priori des Raumes) ruht, so fällt sie mit dem Subjekte." Ganz richtig: die Geometrie, wie sie uns geläufig ist, gilt nur für diejenigen Intelligenzen, die an die Gesetze des ebenen, dreidimensionalen Raumes gebunden sind Die neueren **Riemann-Helmholtz**'schen Spekulationen, mit denen wir uns weiter unten noch beschäftigen werden, haben zu zeigen gesucht, wie die Geometrie für Wesen, welche an andere Anschauungsgesetze gebunden wären, eine ganz andere Form gewinnt. **Trendelenburg** fährt fort: „und wenn man den Raum wie eine

---

[1] Vergl. **Kuno Fischer**, System der Logik, oder Wissenschaftslehre, II. Aufl., S. 175 ff.
[2] Vergl. **Trendelenburg**, Hist. Beiträge, Bd. III, „Ueber eine Lücke in Kants Beweis von der ausschliesslichen Subjektivität des Raumes und der Zeit", S. 233 ff.

gegebene Form aufnimmt, so kann diese zufällige Gabe einmal wechseln". Wir fügen hinzu: wenn sich nämlich die gesamte menschliche Intelligenz ändert, wenn die Menschen aufhören Menschen zu sein. Weiter: „und nichts widerspricht der Möglichkeit, dass andere Anschauungen andere Formen haben, vielleicht, beliebt es den Göttern, einen Raum mit 2 oder 4 Abmessungen". Dasselbe mit andern Worten bei Kant Kr. d. r. V., S. 55. Sodann erhebt Trendelenburg den Einwand, dass Kant zwar die reine Mathematik begründet habe, aber der Erklärung der angewandten den Weg versperrte. Hier brauchen wir nur auf unsere früheren Ausführungen zu verweisen. Vergl. S. 64 dieser Schrift. Auf S. 167, Bd. I finden wir dann wieder jenes Missverständnis von den fertigen Formen des unendlichen Raumes und der unendlichen Zeit, die in uns ruhen wie ein „starrer Guss". Dergleichen hat Kant nie gelehrt. Diese von uns besprochenen Bedenken werden von Trendelenburg in seinem schon zitierten Aufsatz in den „Hist. Beiträgen" fast unverändert wiederholt. Trendelenburgs eigene Lehre übrigens, nach welcher Raum und Zeit zugleich objektiv und subjektiv existieren und durch die Bewegung erzeugt werden sollen, scheitert (ganz abgesehen von den durch Kant für die Annahme einer objektiven Existenz nachgewiesenen Widersprüchen) an der einfachen Erfahrungsthatsache, dass die Bewegung nur im schon vorhandenen Raume möglich ist. Hiergegen zwar wendet sich Trendelenburg an vielen Stellen seiner Werke. So heisst es z. B. in den „Log. Untersuchungen", S. 221: „Uns liegt empirisch nach der Bewegung, die wir selbst vollziehen, die Vorstellung nahe, dass für die Bewegung der Welt und der Dinge Platz da sei, also der Raum vor der Bewegung. Diese Vorstellung enthält indessen im Grunde nichts anderes, als dass die Bewegung, weil sie ursprünglich ist, keine Hemmung erfährt, ausser durch die Bewegung. Die Vorstellung erzeugt sich den gedachten Platz durch die Bewegung." Indessen, dass ist denn doch ein mehr wie mystisches Vermögen der Bewegung, sich Platz aus dem Nichts zu erzeugen. Dazu müsste sich die Bewegung gewissermassen immer selbst überholen, und gliche so dem Mann, der über den eigenen Schatten sprang. — Die Streitigkeiten, die sich zwischen Fischer und Trendelenburg über der ersteren Kant-Darstellung[1]) entspannen, können wir füglich hier übergehen, weil wir die uns richtig erscheinende Interpretation der Beweise der tr. Aesthetik an die Spitze unserer Arbeit gestellt haben.

Gefährlichere Angriffe drohten der Kantischen Lehre von anderer Seite; denn, wenn es den metageometrischen Spekulationen gelang, die geometrischen Axiome als nicht denknotwendig darzuthun (wie es missverständliche Interpretation von empirischer Seite erscheinen liess), so war freilich dem Kantischen System eine wesentliche Stütze entzogen [2]). Allein die Riemann-Helmholtz'schen Betrachtungen, welche die uns geläufige Geometrie als nur eine unter vielen möglichen erweisen, berühren die Kantische Theorie nicht insofern, als sie die Thatsache nicht umstossen, dass wir nur innerhalb des ebenen dreidimensionalen Raumes anzuschauen vermögen. Unser Anschauungsvermögen ist nicht imstande, den Resultaten des diskursiven Denkens, wie sie von Helmholtz, Riemann u. a. logisch unanfechtbar gewonnen sind, zu folgen. So z. B. stossen wir bei dem Unternehmen, uns die Anschauungsweise eines Flächenwesens

---

1) Vergl. hierzu: Kuno Fischer und sein Kant, von A. Trendelenburg, Leipzig 1869; sowie Anti-Trendelenburg von Kuno Fischer, Jena 1870.

2) Vergl. hierzu: Riemann, Ueber die Hypothesen, welche der Geometrie zu Grunde liegen, Göttingen 1854; Helmholtz, Ueber den Ursprung und die Bedeutung der geometrischen Axiome; Benno Erdmann, Die Axiome der Geometrie, Leipzig 1877; Schmitz-Dumont, Die Bedeutung der Pangeometrie, 1877; Liebmann, Raumcharakteristik und Raumdeduktion in der „Analysis".

auf der Kugelfläche (wie sie z. B. Helmholtz fingiert) klar zu machen, auf die absolute Unmöglichkeit aus unserer Vorstellung von der Kugeloberfläche das räumliche Element, d. h. die dritte Dimension, zu eliminieren und rein flächenhaft anzuschauen; wir sehen vielmehr die Fläche immer als Fläche im dreidimensionalen Raum [1]), dagegen sind wir natürlich sehr wohl imstande, durch Rechnung (wo dann das Element der Anschauung ganz ausgeschaltet ist) die Geometrie solcher Wesen zu erkennen; und alle diese Versuche mögen nur als eine indirekte Bestätigung jenes Kantischen Wortes dienen, dass wir über die Anschauungen anders organisierter Wesen gar nicht urteilen können, wie sie beschaffen seien. In seiner Abhandlung „die Thatsachen in der Wahrnehmung" bekennt sich nun Helmholtz zwar zu dem transscendentalen Ursprung der Raumvorstellung [2]), will dagegen den empirischen Ursprung der Axiome offen lassen. Indessen wird in dem Beweis, welchen er hierfür zu erbringen versucht, das Wort „vorstellen" in zwei ganz verschiedenen Bedeutungen gebraucht. Freilich können wir uns z. B. eine (begriffliche) Vorstellung von der im vierdimensionalen Raum gültigen Mechanik machen, in dem Sinne, dass wir die für dieselbe bindenden Formeln entwickeln können (wie das ja denn von Lipschitz geschehen ist); versuchen wir uns nun dagegen mechanische Vorgänge im vierdimensionalen Raume anschaulich vorzustellen, so erhalten wir doch nur die Anschauung von Vorgängen, die sich vollständig im dreidimensionalen Raume vollziehen. Es lässt sich übrigens die Unmöglichkeit, unsere Anschauung selbst von Axiomen auf andere als ebene und dreidimensionale Räume auszudehnen, leicht an einem Beispiel aus der Geometrie des

---

1) Vergl. hierzu die Erörterungen von Liebmann, Analysis, und von Wundt, Logik, Bd. I, II. Aufl., S. 493—494 ff., mit welchem wir hier ganz einig sind.
2) Vergl.: Vorträge und Reden, Bd. II, S. 228—229.

sphärischen Raumes nachweisen. Im sphärischen Raum gilt das Axiom unserer Geometrie „Zwischen zwei Punkten ist die Gerade die kürzeste Verbindungslinie" nicht allgemein, sondern nur für solche Punkte, welche auf demselben Kugelradius liegen. Für zwei Punkte, welche nicht diese spezielle Lage haben, gilt unser Axiom nicht, sondern die kürzeste Verbindungslinie zwischen denselben ist dann eine bestimmte, leicht zu berechnende Kurve. Dies rührt von dem Umstand her, dass im sphärischen Raum die Masseinheit eine Funktion der Entfernung vom Mittelpunkt ist.

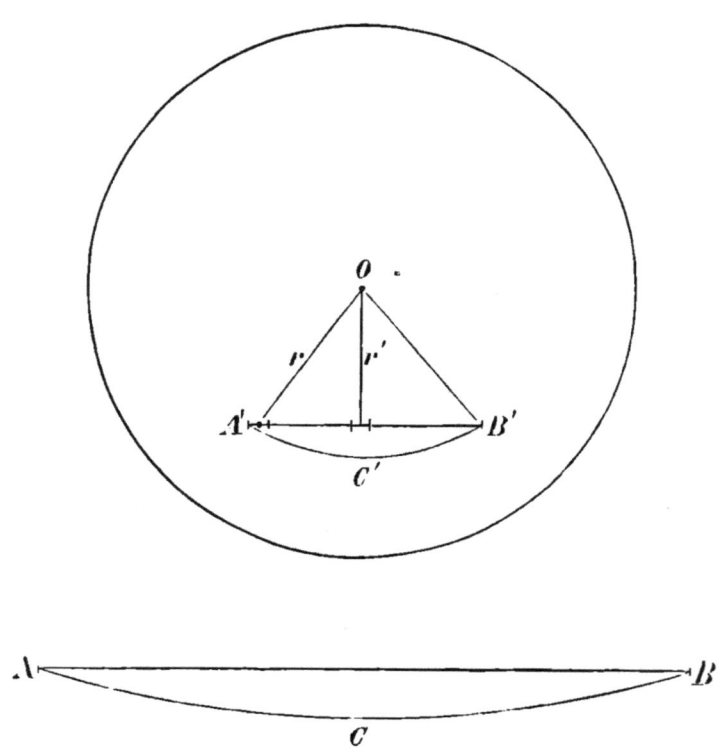

Zwei in unserm Raum gleiche Strecken würden infolgedessen im sphärischen Raum nur dann gleich sein, wenn sie homologe Lagen zum Mittelpunkt hätten. Andernfalls hat diejenige von den zwei gleichen Strecken, welche näher am Mittelpunkt liegt, für Kugelwesen eine grössere Länge. Alle Verhältnisse im sphärischen Raum lassen sich übrigens leicht verfolgen, wenn man berücksichtigt, dass dieselben sich als die Spiegelbilder der in unserm Raum bestehenden Verhältnisse in der als spiegelnd gedachten Kugeloberfläche auffassen lassen. Dementsprechend ist das Bild $A'C'B'$ einer Geraden AB die kürzeste Verbindungslinie zwischen den Punkten $A'B'$ im sphärischen Raum, während die Gerade $A'B'$ als Bild der ausserhalb der Kugel befindlichen Kurve ACB, ebenso wie diese gegenüber AB, eine grössere Länge hat wie $A'C'B'$, was sich rechnerisch leicht bestätigen lässt. Für unser Anschauungsvermögen ist es jedoch vollkommen unmöglich, selbst unter Berücksichtigung des variablen Masses im sphärischen Raum, die Kurve $A'C'B'$ als kürzer aufzufassen wie die Gerade $A'B'$, und damit ist zur Evidenz erwiesen, dass es uns schlechterdings unmöglich ist, uns von den rechnerisch und logisch gut zu verfolgenden Verhältnissen in anderen als ebenen und dreidimensionalen Räumen eine wirklich anschauliche Vorstellung zu bilden.

Hermann Lotze ist im grossen und ganzen Anhänger der Kantischen Lehre, die er sogar zum Teil mit neuen Beweisen gestützt hat. Allein, während er inbezug auf den Raum konsequent an der Idealität desselben festgehalten hat, so ist in seiner Ansicht über die Zeit etwa mit dem Jahre 1879 eine Aenderung eingetreten, welche ihn zu der Annahme führte, dass zwar die Zeit als Ganzes (die unendliche Zeit) nur subjektiv, dagegen die Succession objektiv real sei [1]). Da Lotze in seinen früheren Schriften selbst die Idealität der Zeit gelehrt hat, ja sogar noch in der

---

1) Vergl. hierzu den Aufsatz von R. Falkenberg, Die Entwicklung der Lotze'schen Zeitlehre. Zeitschr. f. Philos. u. philos. Kr., Neue Folge, 105. Bd., 2. Heft.

grossen Metaphysik, welche den Umschwung zugunsten der Realität der Sukzession brachte, aufs scharfsinnigste viele geläufige Einwände gegen die Idealität des zeitlichen Geschehens widerlegt hat, so sind wir um so mehr verpflichtet, den Umstand zu prüfen, welcher ihn zur Aenderung seiner Ansicht bewog. Hier kommt nun für uns die Stelle der Metaphysik S. 296—297 inbetracht. Es heisst da auf S. 297 wörtlich wie folgt: „Wenn ein und dasselbe zeitlose Wesen durch seine zeitlose Vorstellungsthätigkeit einem Inhaltsteile seines Daseins den Vergangenheitscharakter der Erinnerung, einem audern die Bedeutung der Gegenwart, einem dritten unbekannten die der Zukunft gäbe, so dürfte es, um zeitlos zu sein, mit dieser Verteilung der Charaktere niemals wechseln; die Erinnerung dürfte nie Gegenwart gewesen sein, diese nie zur Vergangenheit werden und die Zukunft müsste unverändert dieselbe unbekannte Dunkelheit sein." Aber damit würde gerade das Wesentliche der Zeit fallen gelassen, welches in dem stetigen Wechsel der Vergangenheit, Gegenwart und Zukunft besteht; und gerade dieser sonderbare Charakter der Vergangenheit gegenüber der Gegenwart, und dieser letzteren gegenüber der Zukunft erklärt sich am besten, wenn man diese zeitliche Auffassung in der Natur unseres vorstellenden Subjekts begründet sein lässt. Denn dann fällt jener Widerspruch weg, welcher sich aus der Annahme der absoluten Realität der zeitlichen Succession ergiebt und der darin besteht, dass wir einem und demselben Vorgang drei Arten der Existenz zuschreiben müssen (eine in der Zukunft, eine andere, die eigentliche, wirkliche Existenz, wie man dann sagen muss, in der Gegenwart, und eine dritte in der Vergangenheit), während ihm doch nur eine realiter zukommen kann. Unter der Annahme der ausschliesslichen Subjektivität der zeitlichen Succession sind ja Vergangenheit, Gegenwart und Zukunft gar keine realen Existenzformen, sondern nur eine Art, wie das Subjekt seinen Bewusstseinsinhalt anordnet. Wie es übrigens das Subjekt anfängt, den an und für sich zeitlosen Bewusstseinsinhalt in die Form des zeitlichen Geschehens zu bringen, darüber etwas aussagen zu wollen, wäre ganz gegen den Sinn der Kantischen Lehre.

Auch W. Wundt hat an verschiedenen Stellen seiner Werke an der Kantischen Lehre von Raum und Zeit Kritik geübt. Er ist übrigens in seinen Resultaten gar nicht soweit von der Ansicht Kants entfernt, wie es erst scheinen mag. Der wesentlichste Unterschied zwischen seiner Meinung und derjenigen Kants besteht wohl darin, dass er Raum und Zeit für Begriffe ihrem Wesen nach hält. Einig sind wir mit Wundt darin, dass er die Anschaulichkeit der Zeit leugnet. Um aber nachzuweisen, dass er sich in anderer Hinsicht zu unrecht von Kant entfernt hat, werden wir am besten seine Ueberlegungen über den Raum verfolgen. Wir stimmen auch hier noch mit seinen Erörterungen der geometrischen Spekulationen bis zu einem gewissen Punkte überein (Logik I, S. 493 ff). Dagegen können wir Wundt nicht Recht geben, wenn er sagt, dass diese neueren Spekulationen die begriffliche Natur des Raumes nachgewiesen hätten (S. 502 unten). Dass wir auch einen Begriff des Raumes gewinnen können, hat (wie schon gezeigt) Kant nicht geleugnet, sondern behauptet. Auch können wir Wundt zugeben, dass die Beziehungen dieses Begriffes zu anderen Begriffen nachgewiesen sind; aber davon bleibt die Thatsache ganz unberührt, dass der Raum selbst seinem Wesen nach Anschauung ist. Auch die Ausführungen Wundts über die Vorstellung des leeren Raumes scheinen uns nicht so ohne weiteres klar. Wenn Wundt sagt, dass der Raum zwischen den Körpern nicht leer, sondern mit Empfindungen erfüllt sei, so muss man doch bedenken, dass uns diese Empfindungen nicht zum Bewusstsein kommen und dass wir daher thatsächlich den Raum zwischen den Körpern im gewöhnlichen Leben als leeren Raum auffassen.

Im übrigen liegt ja auch, wie wir immer wieder betonten, der eigentliche Beweisgrund des Kant'schen Arguments in dem Umstand, dass sich der Raum gleichgültig gegen den Wechsel der Empfindungen verhält. Auf S. 505 ff wendet sich Wundt gegen die beiden wichtigsten Beweise Kants für seine Lehre, dass der Raum eine Anschauungsform a priori sei. Diese Beweise sind aber, nach Wundt, 1) die äussere Erfahrung setzt schon die Raumvorstellung voraus, 2) die apodiktische Gewissheit der geometrischen Axiome ist nur durch die Kantische Theorie erklärlich. Gegen 1) macht Wundt die Möglichkeit einer gleichzeitigen Entwicklung der Empfindungen sammt ihrer räumlichen Form geltend. Aber auf diesen Einwand haben wir schon früher mit dem Hinweis auf die Thatsache geantwortet, dass wir nicht nur die Empfindungen zu räumlichen Komplexen zusammenfassen, sondern sie auch als im Raum befindlich vorstellen. Was den 2) Satz angeht, so bestreitet Wundt die Richtigkeit der Behauptung, dass Erfahrungsurteile niemals einen apodiktischen Charakter besitzen, „denn wir bemerken im Gegenteil, dass wir Erfahrungen für um so unumstösslicher halten, je häufiger sie eingetroffen sind." Dies letztere ist gewiss richtig; aber ein Erfahrungsurteil, so oft es auch durch den Lauf der Ereignisse bestätigt werden mag, kann doch nie Denknotwendigkeit gewinnen, wie wir schon früher zugenüge gezeigt haben. In seinem „System der Philosophie", S. 116 ff. sucht Wundt die Entstehung der rein formalen Begriffe (Raum und Zeit) zu erklären. Wir werden zu der Unterscheidung der rein formalen Begriffe gegenüber dem Inhalt unserer Wahrnehmungen veranlasst 1) durch den Umstand, dass die formalen Bestandteile unserer Wahrnehmung unabhängig vom Wechsel der Empfindungen beharren können, wogegen ihre eigene Veränderung auch immer eine Veränderung des Empfindungsinhaltes mit sich führt; 2) durch die Erkenntnis der Konstanz der Eigenschaften der formalen Bestandteile; 3) dadurch, dass wir sie als konstante Elemente in unseren Wahrnehmungen vorfinden. Aber, wenn man bedenkt, dass sich alle diese Thatsachen leicht und ungezwungen aus der Kantischen Lehre erklären lassen, ferner, dass Raum und Zeit ja erst alle Wahrnehmung möglich machen (welcher Kantische Beweis von Wundt nicht widerlegt ist), so wird man die Richtigkeit der Kantischen Theorie nicht mehr bezweifeln können. Auch ist Wundt in seinem Resultat, wie schon gesagt, nicht soweit von Kant entfernt, als es zuerst scheinen mag; denn ihm ist der Raum ja auch eine subjektive Anschauungsform, die für unser Erkennen unerlässlich ist, der aber eine begriffliche Ordnung eines objektiv gegebenen Mannigfaltigen entspricht. (Logik I, S. 517.)

Eine ausführliche Kritik der tr. Aesthetik giebt Eduard von Hartmann in seiner Schrift „Kritische Grundlegung des transscendentalen Realismus", S. 118 ff. Folgen wir seiner Besprechung der einzelnen Beweise. In seiner Kritik des ersten Argumentes vernachlässigt er den Unterschied zwischen dem Begriff des Raumes und dem Wesen des Raumes. Der Begriff des Raumes mag immerhin durch den von Hartmann geschilderten Abstraktionsprozess aus der Erfahrung gewonnen sein; so bleibt davon doch die Wahrheit ganz unberührt, dass die Raumanschauung die notwendige Vorbedingung für alle äussere Erfahrung ist; ich lerne den Gebrauch meiner Füsse auch erst an und in der Erfahrung kennen: aber wenn ich ohne Füsse geboren bin, lerne ich niemals gehen. Und den wesentlichen Unterschied, welcher zwischen der Empfindung und ihrer Form besteht, vermögen die Auseinandersetzungen Hartmanns auch nicht zu verwischen. Freilich kann ich den jeweiligen Empfindungsinhalt nicht vollständig nach Belieben ändern; ich muss also z. B. eine Rose mit dieser ganz bestimmten Farbe wahrnehmen, aber die ganze Gesichtsempfindung ist relativ zu-

*

fällig, denn ich könnte im selben Augenblick statt ihrer eine ganz andere haben; demgegenüber ist aber die Anschauung des Raumes notwendig, denn ich könnte ohne sie gar keine äussere Wahrnehmung haben[1]).

Auch der Einwand v. Hartmanns gegen das zweite Kantische Argument ist nicht stichhaltig. Hartmann sagt: Kant selbst liefert den besten Beweis von der Möglichkeit, sich den Raum von den Dingen wegzudenken, indem er ja die Unräumlichkeit der Dinge an sich lehrt. Aber es handelt sich in dem Kantischen Beweis um anschauliches, nicht begriffliches denken; und dass wir uns die unräumlichen Dinge an sich nicht anschaulich vorstellen können, ist ja gerade Kants Lehre. Was nun die Sache selbst angeht, so sagt Hartmann mit Recht, dass die Anschauung des leeren Gesichtsfeldes, die übrig bleibt, wenn man sich alle Gegenstände aus dem Raum entfernt denkt, noch eine positive Empfindung ist. Allein es ist einmal ein Missverständnis, wenn man Kant die Meinung zuschreibt, wir könnten die Anschauung des Raumes haben, ohne dass unsere Sinnlichkeit irgend wie afficirt wird; und andererseits fassen wir ja thatsächlich schon den Zwischenraum zwischen den Körpern als leer auf, weil uns die Empfindungen des Zwischenraums nicht zum Bewusstsein kommen.

Sodann wendet sich Hartmann zur Besprechung derjenigen Argumente Kants, welche die Anschaulichkeit des Raumes darthun wollen. Hier bestreiten wir nun die Richtigkeit des Hartmann'schen Satzes, dass es für unser Bewusstsein keine anschauungsfreien Begriffe giebt. Ich möchte doch wohl wissen, was z. B. Hartmann für eine Anschauung mit dem Begriff der Freundschaft, Treue u. s. w. verbindet? Hartmann versucht aber sogar darzuthun, dass selbst der Begriff des „Nichts" nur dadurch ein Begriff ist,

---

1) Vergl. unter anderm auch Erhardt, Metaph., S. 167 ff.

dass er auf einer Anschauung beruht; nämlich auf der Anschauung der Aufhebung des „Etwas" (S. 123). Nun kann ich mir aber selbst das „Etwas" schlechthin nicht vorstellen, geschweige denn seine Aufhebung. Sobald ich mir „Etwas" anschaulich vorstelle, so ist es ein konkretes Einzelding, und dadurch gerade Anschauung im Gegensatz zum Begriff. Wenn aber dieser eine Satz v. Hartmanns nicht richtig ist, so sind damit fast alle seine Erörterungen jener Kantischen Beweise hinfällig. — Schliesslich macht Hartmann als Gegenbeweis gegen das Kantische Argument, welches sich auf die Einzigkeit des Raumes stützt, geltend, dass ja gerade nach der Lehre Kants jeder einzelne Mensch seinen eigenen Anschauungsraum haben müsste, dass es also demnach ebenso viele Räume als Individuen geben müsste. Aber es handelt sich in dem Argument nur um die Einzigkeit des Anschauungsraumes eines Menschen gegenüber den Teilräumen seiner Wahrnehmung. Ferner ist es verkehrt, wenn v. Hartmann von zwei Wahrnehmungsräumen des Menschen spricht, einem des Tastsinns und einem des Gesichtsinns. Hier kann doch nur von einer verschiedenen Lokalisation der Empfindungen durch den Tast- und Gesichts-Sinn die Rede sein.

Die Kritik, die Hartmann an der Behauptung Kants übt, dass der Raum als eine unendliche, gegebene Grösse vorgestellt wird, erledigt sich einfach durch unsere Besprechung dieses Argumentes, worauf wir also verweisen. Nur eines wollen wir noch erwähnen; gegen Kant macht hier Hartmann geltend, dass doch ein mathematischer Kombinationsbegriff eine unendliche Menge von Vorstellungen in sich enthalte, obgleich er keine Anschauung sei. Dabei muss uns zunächst die Inkonsequenz Hartmanns auffallen, welcher einerseits einen Begriff ohne korrespondierende Anschauung für unmöglich erklärt, andererseits doch hier selbst den Kombinationsbegriff für einen reinen Begriff ohne korrespondierende Anschauung erklärt. Wenn wir hiervon aber auch absehen, so bleibt die von Hartmann angeführte Thatsache nur ein Beweis für die besondere Natur der Zahlbegriffe.

Auch bei den Erörterungen von Hartmanns, die sich mit der apodiktischen Gewissheit der Axiome der Geometrie beschäftigen, finden wir oft gehörte Einwürfe wieder. Er giebt zwar die apodiktische Gewissheit der Sätze derjenigen Wissenschaft zu, die man die reine Geometrie nennt; dagegen sei die Uebereinstimmung unserer Wahrnehmungen mit den Sätzen der reinen Geometrie, also die angewandte Geometrie, nur höchst wahrscheinlich, aber nicht apodiktisch gewiss (S. 131—133). Dieses Bedenken haben wir schon früher erörtert und wollen darum hier nicht mehr darauf eingehen. Auch haben wir schon oft nachgewiesen, dass solche Behauptungen unhaltbar sind, wie z. B. diejenige von Hartmanns, dass man Kants Theorie „alle Mathematik nur ein wertloses Spiel mit subjektiven Verhältnissen" sei. Der weitere Einwand, dass doch wenigstens das Bewusstsein der apodiktischen Gewissheit der geometrischen Sätze nicht allgemein sei (S. 134), kommt im Grunde auf das alte Missverständnis hinaus, als ob nach Kants Lehre alle Menschen von Geburt an fertige Mathematiker sein müssten. Gegen die Ausführungen Hartmanns (S. 135 ff.), welche die apodiktische Gewissheit der geometrischen Axiome durch die Annahme zu erklären suchen, dass sie rein formal-logische Synthesen einer apriorischen Funktion des Verstandes seien und deshalb über die Apriorität des Raumes nicht entscheiden könnten, ist zu bemerken, dass diese Synthesen eben zufällig und wechselnde sein würden, die durchaus nicht den Charakter der apodiktischen Gewissheit an sich trügen, wenn die Anschauung, auf welcher sie beruhen, d. h. der Raum, nicht selbst a priori gegeben wäre. — Wir können also von allen Gegengründen v. Hartmanns nicht einen als durchschlagend und überzeugend anerkennen.

In England hat man auch lange über die Apriorität der Mathematik gestritten, und es waren hauptsächlich Whewell, der Vertreter der Kantischen Ansicht, und J. St. Mill, welche einander befehdeten. Wollten wir indessen wiederum auf diesen Streit eingehen, so würden wir uns nur zu endlosen Wiederholungen gezwungen sehen, ohne dass wir doch für unser Problem selbst eine wesentliche Förderung erwarten dürften. Eine gerechte und klare Darstellung hat die ganze Angelegenheit erfahren in Fr. Alb. Langes „Geschichte des Materialismus", 1887, S. 370 ff. des II. Buches, wo man sich also orientieren kann.

Damit wollen wir unseren historischen Rückblick abschliessen. Wir geben uns der Hoffnung hin aus der ungeheuren Masse der in Betracht kommenden Litteratur wenigstens die typischen und wichtigsten Werke herausgegriffen zu haben; und wenn es uns gelungen sein sollte die Anerkennung der ewigen Lehre Kants auch nur in etwas zu fördern, so hat unsere Arbeit ihren Zweck erreicht.